涙にも国籍はあるのでしょうか

津波で亡くなった外国人をたどって

三浦英之

新潮社

カバー写真　木戸孝子

事実——この国はまだ東日本大震災における外国人の犠牲者数を知らない。

目次

序章　ある随行員の手記　9
第一章　涙にも国籍はあるのでしょうか　17
第二章　職人たちが中国人青年に伝えていること　40
第三章　彼女はいつも自転車に乗っていた　60

第四章　イスラムの国から来た青年　78
第五章　美しいひと　97
第六章　三人目の祖母、三つ目の国　113
第七章　それでも神父は教会に戻った　134
第八章　家族の夢が叶った日　150
第九章　本棚のピエタ　161

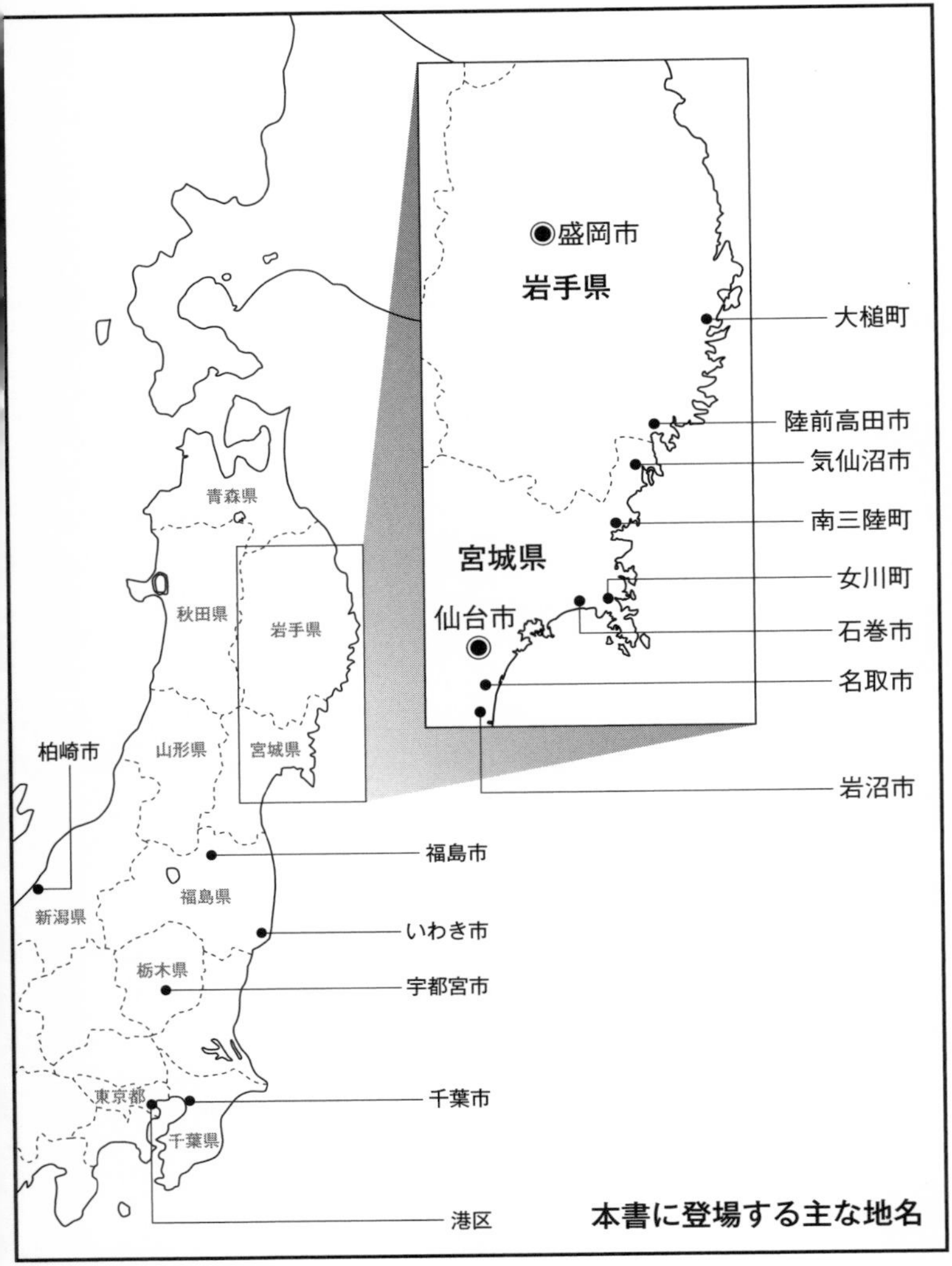
盛岡市
岩手県
大槌町
陸前高田市
気仙沼市
南三陸町
宮城県
女川町
仙台市
石巻市
名取市
岩沼市
青森県
秋田県
岩手県
柏崎市
山形県
宮城県
福島市
福島県
新潟県
いわき市
栃木県
宇都宮市
東京都
千葉市
千葉県
港区
本書に登場する主な地名

図版製作　クラップス

涙にも国籍はあるのでしょうか

津波で亡くなった外国人をたどって

本書は二〇二三年に朝日新聞に掲載された特集記事『津波で亡くなった外国人』および『ある木工作家と妻』に大幅に加筆修正をしたものです。

登場する人物は敬称略とし、年齢・役職等は取材当時のものです。

序章　ある随行員の手記

二〇一一年三月二二日午後二時五五分。

アメリカの首都ワシントンにあるダレス国際空港を飛び立った全日空一便は、定刻より約三〇分早く成田国際空港・第一ターミナル南ウイングに到着した。

天気は薄曇り、気温六度。

五三歳のアメリカ人、アンディー・アンダーソンは、旅客機と空港施設をつなぐボーディングブリッジを渡り終えたところで駐日アメリカ大使館の領事らに迎えられ、歩きながら今後のスケジュールについて簡単なレクチャーを受けた。ターンテーブルから吐き出されてきた自分の荷物を拾い上げ、カートに乗せて税関を抜けると、到着ロビーでは日本の外国青年招致事業「ＪＥＴプログラム」で外国語指導助手（ＡＬＴ）のあっせんを行っている自治体国際化協会のスタッフ二人が、神妙な顔つきで待ち受けていた。一人は日本人で宮崎照也と名乗り、もう一人はジャマイカ人だと告げられた（筆者註・この章の記述は宮崎の手記に基づいている）。

アンディーは空港内の銀行で財布の米ドルを日本円に換金すると、アメリカで待機している妻と連絡を取るために携帯電話をレンタルした。随行するアメリカ大使館員からは、まずは専用車で成田国際空港から約八〇キロ離れた羽田空港へと移動し、そこから国内便に乗って娘が待つ東北地方の空港に向かうと聞かされていた。

大震災の発生でガソリンが極度に不足しているからなのだろう、アンディーを乗せた専用車は交通量が極端に少ない首都圏の高速道路をひた走り、やがて海底トンネルを抜けて国内線が離着陸する羽田空港へと滑り込んだ。アメリカ大使館員の助けを借りて搭乗手続きを済ませると、自治体国際化協会の二人と共に山形行きの日本航空四五五九便に乗り込んだ。

山形空港に到着すると、一行はワゴンタクシーに乗り換え、仙台市内のホテルへ向かった。ホテルは電気や水道こそ復旧しているものの、都市ガスがまだ通じていなかった。フロント前では災害復興に携わる医師や看護師、電力会社やガス会社の技術チームがチェックインの長い列を作っていた。

自分は今、ここで何をしているのだろう――。

アンディーは喧噪の中でふとそんな寂寥感にとらわれた。アメリカでは不動産企業を経営し、広大な森に囲まれた一軒家で暮らしている。すべてがミニチュアのように見える日本の地方都市のビジネスホテルのフロントは、彼の日常とはあまりにかけ離れたものだった。

これが娘の愛した「世界」なのか――。

娘の名はテイラー・アンダーソン。

第一子として生まれたテイラーは、幼少期からあまり手の掛からない子どもだった。夫婦は毎晩、娘が寝る前に熱心に絵本の読み聞かせをした。その影響も大きかったのだろう、テイラーは後に大学でブック・クラブを立ち上げるほど、読書が大好きな少女に育った。

テイラーにとっての転機は初等教育の時期に訪れた。彼女が通っていたミルウッド・スクール（幼稚園から中学二年生に相当）には日本に滞在した経験のある教師が勤務しており、そこで初めて日本語に接した彼女は、やがて日本のマンガやアニメに夢中になった。当時のお気に入りは「となりのトトロ」。教師の指導法がよほど優れていたのだろう、当時一三人いた生徒のうち、後に二人が日本へと移住している。

進学したセント・キャサリンズ高校に日本語のクラスはなかったが、テイラーは独学で日本語の勉強を続けた。二〇〇四年にバージニア州にあるランドルフ・メーコン大学に合格すると、「日本に行きたい！」とすぐさま担当教官に自らの夢を打ち明けている。

彼女が初めて日本の地を踏んだのは二〇〇六年一月、大学が企画した約三週間の「東京の歴史」コースだった。テイラーはお寿司とあんこの美味しさに感激し、その感動を毎日日記にしたためていた。

帰国後は村上春樹の小説に没頭し、夏休みに入るとバージニア・コモンウェルス大学の日本語アカデミーで高校生たちに日本文化を学ぶ喜びを伝えた。そして大学を卒業すると他の仕事には一切応募することなく、二〇〇八年八月、日本の子どもたちに英語を教える外国語指導助手として宮城県石巻市に赴任したのだ。

再来日初日の八月四日、彼女はその喜びを次のように日記に書き記している。

〈日本に帰ってきた初日！　我が家に帰ってきたかのように嬉しく、ホッとしている〉

すべては順調に進んでいるはずだった。

それなのに、なぜ……。

＊

翌日の三月二三日午前八時三〇分、アンディーはマイクロバスに乗って娘が勤務していた宮城県石巻市へと向かった。車中ではテイラーの親友で、やはり石巻市で外国語指導助手を務めていたという台湾系アメリカ人のキャサリン・シューが、娘についての思い出話を聞かせてくれた。

「テイラーはいつも明るくて、一緒に浴衣を着て何度も地元のお祭りに行ったの」

「彼女、笑い出したら、もう止まらないでしょ。日本が本当に大好きで、将来は日本とアメリカのために働きたいって言ってた……」

マイクロバスの車窓から見える仙台市中心部の風景からは、津波の影響をあまり感じることができなかった。だから、アンディーは娘の親友が話す思い出話に耳を傾けながらも、心のどこかで駐日アメリカ大使館からもたらされた情報は、あるいは何かの間違いなのではなかったかと疑わずにはいられなかった。

しかし、マイクロバスが宮城県沿岸部をかすめる国道45号に入った途端、周囲の風景が暗転した。空気が急に重たくなり、道路は見渡す限り砂や泥に覆われ、至る所で車がひっくり返っている。沿道のパチンコ店やファストフード店の入口はどれもガラスが打ち砕かれ、電信柱がなぎ倒されている。

路上に散乱する障害物に遮られ、マイクロバスはやがて前に進むことができなくなった。運転手は仕方なく多賀城方面から利府方面へと進路を変え、途中から宮城県が用意した緊急車両の通行証を使って通行規制中の三陸自動車道をゆっくりと進んだ。途中、関西や九州のナンバープレートを付けたパトカーや消防車が、赤色灯を回しながらマイクロバスを追い越していった。

石巻が近づいてくると、同乗していたキャサリンが泣きじゃくりながら言った。

「こんなの私が知っている石巻じゃない。あんなに美しい港町だったのに……」

三陸自動車道を石巻港インターチェンジで降りると、マイクロバスは泥の上を這うようにして石巻市の旧青果花き地方卸売市場へと滑り込んだ。震災後、地震の被害が軽微だったため、臨時の遺体安置所として使われている場所だった。

車内でしばらく待たされた後、一行は配布されたマスクを着けて仮設テントへと案内された。

テント前では石巻市教育委員会の職員が泥だらけの長靴姿で立ち尽くしていた。

「この度は、本当に、本当に、本当に、申し訳ございませんでした……」

九〇度に深く腰を折ったまま絶対に顔を上げようとしないその姿勢に、彼らが抱える絶望と、遺族からの苦情はどんなことがあっても受け付けないという意思のようなものが織り込まれていた。

警察官が遺体の番号を確認し、一行は市場の一番奥にある建物へと案内された。

「C93はこの右の一番手前の棺です」

C93……。

そう指示されたものの、アンディーには自らの目で娘の姿を確認する勇気がどうしても持てない。

しがみつくように娘の親友であるキャサリンに確認を求めた。

「先に入って、棺の中の人物が本当にテイラーかどうか、確認してきてくれないか？」

アンディーにそう告げられ、キャサリンは気がおかしくなりそうだった。

嫌よ、テイラーは私にとってもかけがえのない親友なのよ――。

そう泣き出したかったが、幼い頃から心理学者になることを夢見ていたキャサリンは、今は自分よりもまず、愛する娘を失った父親のことを優先すべきだと思い直した。

意を決したキャサリンが棺をのぞいて確認し、随行者である宮崎がそれに続いた。

全員が小さく頷いて戻ってきても、アンディーは現実を受け入れようとはしなかった。

「本当にテイラーなら、右手の小指が私のように少し曲がっているはずだ。どうか、それをもう一度確認してきてくれないか？」

父親の懇願を聞き入れ、警察官が棺の中の銀色のカバーをめくって確かめようとしたが、ドライアイスでカバーが凍結していて右手の指を確認することができなかった。

「顔だけの確認でも結構ですので……」

そう警察官に促されても、アンディーはまだ娘の無事を信じている、もう一人の自分を裏切ることができなかった。

こんな残酷なことが世の中にあるはずないじゃないか。憧れの日本の地に溶け込むようにして生きていた娘は、半年後の二〇一一年八月にはアメリカに帰国予定だった。彼女には長く交際を続けていたボーイフレンドがいて、帰国後には彼からプロポーズを受けることになっていたんだ……。

あと一歩、いやあと半歩だけ足を前へと動かせば、あれほど会いたいと願っていた娘に会える。

でも、その半歩がどうしても、アンディーには踏み出せなかった。

第一章　涙にも国籍はあるのでしょうか

1

その日も早朝に目が覚めた。

私は海岸沿いの岸壁上に建てられた「南三陸ホテル観洋」の客室で、寝ぼけ眼のまま分厚いカーテンを勢いよくひき開ける。次の瞬間、窓ガラスいっぱいに飛び込んでくる夏の光に全身が包まれ、身体が隅々まで真っ白になる。

徐々に視界が色彩を取り戻していく。薄い水色から澄んだ青へ、そして紫がかった瑠璃色へ。目の前には青焔《せいえん》の海が広がり、波間を乳白色のカモメたちが低空で飛来しているのが見える。

宮城県南三陸町。

そこは沖合で黒潮（暖流）と親潮（寒流）がぶつかり、その豊饒の海から生み出される無数の命の泡が、陸地へと打ち寄せられてできた「光と波の町」である。

東方に向かって「C」の字に開かれた遠浅の志津川湾は、両脇に突き出た二つの岬によって太平洋からの荒波に守られ、朝方、水平線から立ち上がる太陽の光をまるで映画や写真の撮影で使われる反射板（レフ板）のようにきらめかせる。小型漁船を操って市場にウニやアワビを荷揚げする漁業者や、あくびを重ねながら小さく伸びをする夜勤明けの看護師や、子どもの名前を呼びながら忙しそうに朝食の支度をする母親たちの間を、爽やかな朝の海風が吹き抜けていく。

東日本大震災の直後の一年間、私はこの港町で人々と暮らした。震災翌日に津波被災地の最前線に入り、多くの遺体と、それを遥かに上回る泥の上で泣き崩れる人々を見た。自転車にまたがったまま体の半分が泥に埋まった野球帽の少年や、汚泥の上にアヒル座りして「ここで娘が見つかりました。私がやってあげられたのは、いつも歯磨きでしているように娘の口から泥を掻き出してあげることだけでした」と泣き叫ぶ若い母親や、顔のない遺体を運びながら目をとがらせて泣く自衛隊員や、避難所で私のセーターの袖口をつかみながら「あの、新聞記者の人、この写真を新聞に載っけてくれませんか？私のお母さん、どっかに行っちゃって、たぶん私と弟を探していると思うから」と家族のスナップ写真を震えた手で差し出す幼い姉弟や。

　私はその後、津波で低層階が打ち抜かれた南三陸ホテル観洋のシングルルームを借り受け、そこを臨時の取材拠点として約一年間、津波被害の最前線を取材して回った。私としては持てる力のすべてを振り絞って取材にあたったつもりだったが、今振り返ってみると、被災地の人々が抱えていた悲しみの一〇〇分の一も――あるいは一万分の一でさえも――伝えることはできなかったように思う。技術が未熟だったからではない。取材者としての熱量が足りなかったわけでもない。それらはおそらく「伝えることのできない類いの悲しみ」だったのだ。一足す一が二にはならない。異なる絵の具を混ぜても黒にはならない。そんな条理や物理が成立しない悲しみが、この世の中には確かに存在していることを、私はあの春の日にこの町で打ちのめされるようにして学んだのだ。

　誰かが言った。「自分の親が亡くなった時の悲しみを想像してごらん。被災地には今、その二万倍もの悲しみが人々の肩にのしかかっているんだよ」

　私は南三陸ホテル観洋内のシングルルームを引き払った後も、仙台市内に家族との生活の拠点を置き、事あるごとにこの町へと通い続けた。取材ではなく、親戚のようになった町の人々とバーベキューを楽しんだり、かつての記者仲間たちと一緒に温泉旅行に出掛けたり。

　その時にふと「二万倍の悲しみ」に――あるいは「伝えることのできない類いの悲し

み」に――手が触れることがある。

その度に我々は黙ってやり過ごし、一晩たって涙を流す。

それが私にとっての震災一二年の日々だった。

2

二〇二二年の夏の終わり、私はいつものように取材で使っている中古のランドクルーザーに乗って南三陸町を訪れていた。目的は友人との面会ではなく、この町で暮らすある外国人女性と会うためだった。

フィリピン出身の佐々木アメリア。

一〇年前の記憶を頼りに志津川漁港から町役場へと続く急勾配の坂をエンジンをかき鳴らして登っていくと、震災直後と変わらず、町立体育館の下の窪地に彼女が子ども向けの英語教室を営んでいるプレハブ小屋が見えた。

事前に面会の依頼を電話で伝えていたためか、アメリアはプレハブの外で私の来訪を待っていてくれた。

「随分とお久しぶりね。一〇年ぶりじゃないかしら?」

ダリアのように微笑んで人を迎える、その南国式の出迎え方も、あの頃とまるで変わっていなかった。

津波で亡くなった外国人を取材できないか――。

私がそう思い立ったのは、二〇二二年の暑い盛りだった。その日、私は勤務先がある盛岡市内の焼鳥屋で、取材で知り合ったモンゴル人青年と楽しく酒を飲み交わしていた。笑顔の凜々しい三〇代前半の好青年で、モンゴルでの高校時代に日本語を学び、国費留学で岩手大を卒業した後は、盛岡市にほど近い岩手山の麓に牧草地を借りて羊の放牧をして暮らしていた。聞くと、祖国ではモンゴル相撲の学生チャンピオンだったと言い、同胞で元横綱の朝青龍や白鵬とも先輩後輩の間柄でＬＩＮＥを頻繁にやりとりしている仲らしかった。

そんな逞しいモンゴル人青年と一緒にビールを飲んでいると、彼がふと岩手大の学生時代に東日本大震災を経験した際、モンゴルから送られてきた大量の支援物資を被災地に運んだという話題に触れた。

「そういえば……」と彼はビールジョッキを傾けながら私に聞いた。「あの大震災で何人の外国人が亡くなったんでしょうね？　日本政府はいまだにその正確な数をつかめていないと聞いたことがあるんですが……」

そんなはずはないだろう、と私はすかさず疑義を挟んだ。東日本大震災からはすでに一〇年以上が経過しており、日本の警察は毎年三月に被災地における死者数や行方不明者数を公表している。経済力がだいぶ落ちてきているとは言え、日本は一応まだ先進国である。警察が発表する犠牲者数にはちゃんと外国人の数も含まれているはずだ、と私は反論した。

「本当にそうなんですかね……」

モンゴル人青年が不満そうな表情を崩さないので、私はポケットからスマートフォンを取り出し、外国人犠牲者の数をインターネットで検索してみせた。すると案の定、東日本大震災の犠牲者を調べている研究者の論文のなかに、それらしき数字がすぐに出てきた。

そこには外国人の犠牲者について「四一人」と記されていた。

「ほらね。この研究者の論文によると、どうも外国人の犠牲者数は四一人らしい」

私はモンゴル人青年にスマートフォンの画面を示しながら、念のため、その研究者が引用している統計のサイトもタップしてみた。

研究者が論文で引用していたのは、厚生労働省が毎年市町村からの報告を受けて作成している「人口動態統計」だった。政府が一八九九年から実施している極めて信頼性の高い資料である。二〇一一年版には「人口動態統計からみた東日本大震災による死亡の状況について」という別表が添付されており、その中の「性・国籍別震災死亡数」という項目に「四一人」という外国人の死者数がしっかりと明記されていた。

しかし、その添付データを開いてみたとき、スマートフォンの画面上に置いていた指が止まった。

そこには外国人の犠牲者数が次のように掲載されていた。

韓国・朝鮮　一五人（男八、女七）
中国　一六人（男六、女一〇）
フィリピン　四人（女四）
米国　一人（女一）
その他の国　五人（男五）

この別表を見たとき、私は靴の中に小石が紛れ込んでいるような居心地の悪さを覚えた。私は大学院まで化学を専攻したいわゆる理系の人間だったが、たとえそうでなかったとしても、それらは普通に日本で生活していれば誰もが気づけるはずの違和感だった。

最初に首をかしげたのは、表記されている国籍順と「その他の国」という分類についてである。

通常、統計は閲覧者が理解しやすいように数が大きいものから小さいものへと順に並べられている。しかし、この別表では中国が「一六人」と犠牲者数としては最多であるにもかかわらず、「一五人」の韓国・朝鮮が最初に表記されている。国の規模や日本との関係性を重視して、アメリカ（米国）、中国、韓国・朝鮮……と並べられているのであればまだわかるが、アメリカはフィリピンの後に表記されており、そこに規則性らしきものは見られない。

もう一つは「その他の国」という分類についてである。一般的に「その他」は「大きな数のグループには入らないもの」というくくりであるはずだが、もしそうであるならば、アメリカの「一人」も「その他の国」に入っていなければならない。そうでなければ、「その他の国」もアメリカと同様、それぞれの国名を明記して犠牲者数を「一人」と表記する必要があるはずだった。つまり、この統計には調査や表記の段階で、なんらかのルールが存在しているのである。

そのルールとは何なのか？

後日、厚生労働省に問い合わせてみると、担当者はその仕組みを次のように説明してくれた。

「人口動態統計は、住民が出生、死産、婚姻、離婚、死亡の際に市町村窓口に提出した届け出をもとに、市町村長が調査票を作成し、それらを厚生労働省が全国的に集計したものです。外国人の届け出の場合、その調査票に記載されている国籍の分類が『韓国・

朝鮮』『中国』『フィリピン』『タイ』『米国』『英国』『ブラジル』『ペルー』『その他の国』の順となっているため、二〇一一年版の『人口動態統計からみた東日本大震災による死亡の状況について』も、それらの順番で犠牲者数が記載されています」

なるほど、と私は電話口で頷いた。「では『その他の国』の内訳については、どのようになっているのでしょうか？」

「いえ、それはわかりません」

「わからない？」

担当者は少し困ったような声で言った。

「『その他の国』という項目に分類されているものは、市町村の担当者が調査票の『その他の国』にチェックを入れたものの合計数なのです。だから、こちらとしましては、そこにどんな国が含まれているかまではわからないのです」

電話を切った後、私は「うーん」と短くうなって考え込んでしまった。

もし担当者の説明が正しいのであれば、厚生労働省が公表している外国人の犠牲者をめぐる統計はおそらく現実を反映していない――。

そう思えるだけのいくつかの理由があった。

まずは届け出の問題だ。国の人口動態調査が住民から市町村窓口への届け出を起点としているのであれば、たとえばこの国に身寄りのない、フィリピンやベトナムなどから出稼ぎに来ている若い女性たちが津波で死亡した場合、正式な死亡届が役所に出されず、統計に反映されない可能性が高い。

事実、津波で亡くなったアメリカ人については、宮城県石巻市で亡くなった二四歳の英語教師の女性に加え、岩手県陸前高田市で英語教師をしていた二六歳の男性も知られていた。しかし、彼は身寄りが日本におらず、死亡届が出されなかったのか、統計を見てみると、アメリカ人の死者は「一人（女一）」となっており、彼の死は反映されていない。

翌週、私は毎年三月にあわせて東日本大震災における犠牲者数を公表している警察庁に外国籍の死者数を文書で問い合わせてみた。

警察庁の担当者は「東日本大震災における外国人の犠牲者数は公表されていないため、お答えするかどうかも含めて検討します」と一時留保したものの、数週間後、次のような調査結果を私に文書で回答した。

外国人の死者数　　三三人
国籍別の死者数　韓国・朝鮮　一三人
中国　一二人
フィリピン　四人

米国　　　　二人
カナダ　　　一人
パキスタン　一人

これは一体どういうことなのだろう？

警察庁からの回答を見ながら、私は深く考え込んでしまった。警察庁が把握している外国人の犠牲者数の「三三人」と、厚生労働省が公表している「四一人」では、その数字が大きく異なる。警察庁は震災発生以後の遺体の捜索や安置、身元確認などを担当しており、「三三人」という数字は一見信頼性が高そうだったが、ではなぜそれ以上の外国人の身寄りや知人が震災後、当該市町村に「震災による死亡届」を提出したのか。

この二つの数字をどのように理解すればいいのか。

被災地での復興業務を統括する復興庁にその解釈を依頼すると、次のような回答が送られてきた。

「警察庁による外国人死者数は、発見された遺体のうち警察の検視等によって地震・津波が原因で死亡したと認められる者を計上しており、厚生労働省による外国人死者数は、市区町村に届け出られた死亡届を基に作成された死亡票において、死亡に至る起因が東日本大震災によると判断された者を集計していると聞いている。後者については、遺体が発見されなくても親族からの届出等により調査票が作成されるケースもあるとのことであり、復興庁としては、両者の差異は集計元のデータと集計方法が異なることから生じるものと認識している」

復興庁の回答は「どちらも正しい」。つまり、復興庁はその文面において、この国がいまだに東日本大震災による外国人の犠牲者数を確定できていないことを間接的に認めているのである。

どうしてそんな杜撰な対応になってしまうのか。

私はその後、約二週間かけて津波の被害が大きかった岩手県と宮城県、福島県にあるすべての沿岸自治体に電話を掛け、その自治体内にどれだけの外国人の死者がいるかを個別に問い合わせてみた。各自治体が把握している外国人犠牲者の数を足し合わせていけば、おおよその総数がわかるのではないかと期待していたが、驚くことに、ほとんどの自治体担当者の回答は「把握していない」というものだった。

その理由をある沿岸自治体の担当者は次のように説明してくれた。

「自治体全体の犠牲者についてはホームページでも公表していますが、そのうち何人が外国籍であったかについては、こちらではお調べできません。外国人の登録方法について、当時と今では大きな制度的な断絶があるためです」

「制度的な断絶？」

「そうです」と担当者は言った。「現在であれば、外国人の方々も我々日本人と同じように住民基本台帳に登録されており、必要な情報を調べることができます。しかし、外国人の方々が住民基本台帳の対象になったのは、震災翌年の二〇一二年七月からなんです。それまでは外国籍の方々の情報は外国人登録法に基づき、外国人登録原票に記載されて居住する各市町村で管理されていました。制度改正後、外国人登録原票は国の出入国在留管理庁に移管されていてこちらでは閲覧できませんし、津波で役場庁舎が流されてしまったような自治体においては、それらを正確に把握すること自体が難しいようにも思えます」

「でも、各自治体はそれぞれ亡くなった方のお名前ぐらいは把握なさっているのではないでしょうか？」

「もちろん、把握しています。でも、たとえばこの地域でダニエルさんという方が亡くなっていたとして、そのダニエルさんが本当に外国籍であるか、日本に帰化していないか、などについてはこちらでは確認が取れません。同様に在日韓国・朝鮮人の方については慰霊碑などにも日本名で記載されている方もおり、実態を把握することが極めて難しいのが実情です」

別の自治体の担当者は、一歩踏み込んで在日外国人を取り巻く実情を明かしてくれた。

「どんなに調べても、外国人の正確な犠牲者の数を把握することは難しいと思います。

なぜなら、どれだけの外国人が実際に今この地域で暮らしているのか、結局は誰もわからないからです。震災前は特に多くの若い女性たちが合法・非合法にかかわらず、フィリピンやタイなどから日本の風俗店で働くためにやってきていました。彼女たちの多くは外国人登録などしていなかったし、たとえしていたとしても、登録先は入国直後の居住先である東京や大阪である場合がほとんどでした。都会で働いていた彼女たちの何人かがその後、東北地方などに流れて港町に住み着き、津波の犠牲になっていたとしても、地域とのつながりが薄い彼女たちの死亡届が市町村の窓口に提出されるかどうかについては、かなり否定的に捉えざるを得ません。そうなるともう、外国人の正確な犠牲者の数を特定するということは、事実上、不可能なようにも思えます」

私は自治体の担当者たちの説明を頭では理解しながらも、胸の内ではこの国の行政が潜在的に内包している、日本で暮らす外国人への「冷たさ」のようなものを感じないわけにはいかなかった。

東日本大震災では、日本は発生直後から世界各国の救援隊などの活動によって支えられ、その後も日本赤十字社などを通じて三七〇〇億円を超える多額の義援金を海外から受け取っている。日本政府は国際会議に出席する度にそれらの支援に対する感謝の気持ちを海外に表明しているが、その一方で、大震災によって外国人の大切な命が失われているのにもかかわらず、それらを正確に把握しようともせず、結果、弔ってもいない。

その不作為は今後、多民族国家へと突き進んで行かざるを得ない日本において、あまりにも不平等であり、何より不正義であるように思われた。

死者を生者以上に敬い、弔う。それがこの国が古来脈々と培い、引き継いできた美徳であり、文化ではなかったか——。

私はしばらく悩んだ末に、もし政府や自治体ができないのであれば、津波で亡くなった外国人たちを自らの取材で一人でも多く見つけ出し、彼らが生前暮らした土地を尋ね歩いていくことで、彼らが残した「生」の物語をたどれないかと考えた。

彼らはいかにして日本にやって来て、私が暮らす東北地方でどのような生活を送っていたのか。いかにして津波に巻き込まれ、彼らと共に生きた人々はその後、彼らの死をどのように受け止めたのか。

私はこうも思ったのだ。

それはすなわち、この国を根本から変えたあの大震災をこれまでとは違った角度から眺めてみることであり、同時にこの国を——そして私を含めた日本人を——深く理解する行為につながるのではないか、と。

3

「メイベリン、メイベリン……」

私が津波で亡くなったフィリピン人女性、メイベリン・ピナピトの名前を挙げると、南三陸町で英語教室を営むフィリピン人の佐々木アメリアは口の中で二度、その名前を確かめるようにつぶやいた。その仕種は同胞の名前を突然突きつけられて困惑しているようであり、かつての妹分についての記憶をどこまで開示していいものか、はかりかねているようでもあった。

私はメイベリンの名前を震災直後に発行された新聞の死亡欄で見つけた。当時の新聞の死亡欄には震災で亡くなったすべての人の実名と市町村名が掲載されており、国籍までは記されていなかったものの、音の響きからフィリピン人ではないかと推測していた。

私はそれらの調査の過程を明らかにした上で、震災前はフィリピン人たちのとりまとめ役だったアメリアに「メイベリンさんを知っているようであれば、生前の様子を教えてもらえないだろうか」と取材を申し込んでいた。

「ええ、もちろん、よく知っています」

アメリアは何かを決心したようにそう言うと、私の目を見て少し笑った。

「メイベリン、随分と懐かしい名前ね。彼女のことについては、そう、まるで昨日のことのように覚えているわ。楽しかったことも、悲しかったことも……」

私が無言でＩＣレコーダーの電源を入れると、彼女は小さく頷いた。

アメリアの証言によると、メイベリンが南三陸町にやってきたのは震災の数年前のことだった。マニラ出身で、まだ二〇代前半。

当時、宮城県の沿岸北部で暮らすフィリピン人たちは「バヤニハン国際友の会」（バヤニハンはタガログ語で「助け合う」という意味）を結成し、お互いに助け合って暮らしていた。会員数は気仙沼市で約八〇人、南三陸町で約二〇人。日本に来て約三〇年になるアメリアが会長を務めていた。

メンバーの多くは沿岸部の水産工場で働く女性たちだった。中には「ダブル」と呼ばれる、昼は水産工場で、夜はバーなどの飲食店で働く女性たちも多かった。大半は日本語を理解できたが、中には片言の日本語しかできない者もいた。新入りのメイベリンも日本語がまだ不得手だった。

「彼女はフィリピン人には珍しく、少しおっとりとして物静かな子でした。みんなでカラオケに行っても、自分は歌わずに仲間のお世話ばかりして、隅っこでポテトチップスを食べながら笑っている。そんな優しく、周囲に気配りができる子でした……」

二〇一一年三月一一日。

アメリアは南三陸町の高台にいて、見慣れた港町が海にのみ込まれていく様子をただ震えながら眺めていた。

「神様、私、何か悪いことをしましたでしょうか？」

多くのフィリピン人がそうであるように敬虔なカトリック教徒であるアメリアは、繰り返し押し寄せてくる黒い波が幼少期にフィリピンで聞かされた「ツナミ」だと知り、天に向かって「止まって、止まって」と祈り続けた。しかしどんなに祈っても、濁流は押し寄せてくるスピードを緩めず、家屋や商店を海へと引きずり込んでいく。夫と二人の子どもは無事だったが、JR志津川駅前で主宰していた英語教室も、夫が経営していた弁当店も、あっという間に暗い海の底へと沈んだ。

その際、町中にこだましていた防災無線の内容を聞いて、アメリアは不安になった。

「これ、みんな意味わかるかな、と思った。『高台』や『避難』という日本語はフィリピン人には難しい。『逃げろ！』だったらみんなわかったと思うけど……」

予感は的中した。多くのフィリピン人たちが震災直後、放送内容の意味がわからず、なぜ逃げるのか、どこに避難すればいいのか、小雪の中で逃げ惑っていた。

数日後、宮城県の国際交流団体から南三陸町で暮らすフィリピン人の安否確認をしてほしいとの依頼を受けたアメリアは、携帯電話がつながらなかったため、町内の避難所を這いずり回って同胞の生存を確かめた。

冷えきった体育館に到着すると、数人のフィリピン人たちが涙ながらに駆け寄ってきた。

「メイベリンがいない……」

すぐさま手分けして周辺の避難所を捜し回った。

メイベリンは震災前、南三陸町の沿岸部の自宅で日本人男性と一緒に暮らしながら、近隣市のフィリピンパブで働いていた。同じ店で働いていたフィリピン人女性を見つけて話を聞くと、メイベリンはフィリピンに一時帰国し、震災の数日前に日本に戻ってきたばかりで、震災当日は店を休んでいたという。

その事実がさらにアメリアを不安にさせた。

「メイベリンの同居男性が経営する店ではカラオケが歌える。防音設備がしっかりしているから、中にいたら防災無線が聞こえなかったかもしれない……」

警察から志津川高校の下で外国人女性の遺体が見つかったとの連絡を受けたのは、震災から数週間が過ぎた頃だった。メイベリンと同居していた男性も津波で行方不明になっていたため、アメリアは彼女が所属する団体の会長として警察から身元の確認を求められた。

衣服や持ち物の写真を見せられたとき、すぐにメイベリンのものだとわかった。体育館に設置された遺体安置所に通され、木の箱に収まった小さな体を見たとき、激しく嗚咽がこみ上げてきた。

「フィリピン人、メイベリンです」

涙をぬぐいながら、警察官にそう伝えるのがやっとだった。

思いのほか遺体の損傷は少なく、予想していたよりもずっときれいな顔をしていた。ただ両手だけが、死の直前まで何かにしがみついていたためか、鳥の足のようにぎゅっと鉤状に丸まっていた。

フィリピン人たちはその後、津波で亡くなった同胞の弔いに追われた。行政に聞くと、メイベリンは同居男性の戸籍に入っていないらしかった。遺体を火葬するため、アメリアは行方不明になっている同居男性の親族を探し出し、頭を下げて死亡確認書と火葬の同意書にサインをしてもらった。


「これは少しプライベートなことですが……」

インタビューの終盤、アメリアはどこか遠くを見つめるような目で私に打ち明けた。

「メイベリンには来日前、マニラに残してきていた幼い娘がいました。私たちフィリピン人の仲間は、なんとかして彼女の遺灰と日本政府や支援団体から遺族に支払われる義援金をマニラで暮らす娘に届けようとしましたが、うまくいきませんでした。遺灰の輸送には大使館の許可が必要で、私たちは何度も大使館と書類をやりとりして、遺灰だけはフィリピンに一時帰国する仲間に頼んでマニラに持ち帰ってもらいました。でも、義援金の方は同居男性の戸籍に入っていなかったという理由で、日本政府や支援団体から一円ももらえませんでした。少しでもマニラで暮らす娘の生活の足しになればと思ったのですが……」

遠い異国に出稼ぎに出ていた母親が津波で命を奪われたという連絡を、フィリピンで暮らす少女はどのような思いで受け止めたのか。私は短く想像してみたが、うまく像を結ばなかった。

「ねえ、日本の新聞記者さん」とアメリアは瞳にうっすらと涙を浮かべ、それを手の甲でぬぐいながら私に聞いた。

「涙にも国籍があるのかしらね」

彼女が発した片言の日本語に、私は不意に胸をつかれた。

涙や悲しみといったものにも国籍はあるのだろうか。もしあるとしたら、それを規定するものとは何なのだろう――。

アメリアは戸惑う私を気にすることなく話を続けた。

「メイベリンはもちろんのこと、沿岸部で暮らすフィリピン人の生活は震災後、大きく変わりました。多くのフィリピン人女性たちが職を失い、生活していくのがとても厳しくなりました。津波で仕事がなくなり、家庭環境も激変し、何人もの女性がシングルマザーになった。仲間がばらばらに避難しなければならなくなった結果、『バヤニハン国際友の会』も解散に追い込まれてしまった」

被災地で長年取材を続けている私にとっても、それは初めて聞く話だった。

「それでもね」と彼女は涙をぬぐいながら言った。

「メイベリンは不運ではあったけれども、私は彼女の人生が決して不幸なものであったとは思わない。彼女も他のフィリピン人と同様、夢を抱いてこの国にやってきて、その夢の途中で津波にのまれた。夢の途中で死ぬということは、人間にとって無念ではあっても、決して不幸なことではないわ」

果たしてそうだろうか、と私は思った。家族と離れて暮らす異国で災害に巻き込まれ、火葬にも時間がかかり、義援金も受け取れなかった。そんな二八歳の異邦人としての死は、本当に彼女が望んだものだったろうか。

私は悲しみで心がつらくなる前に、職業記者として、メイベリンが写っている写真が残っていないか、もし所持しているようであれば、新聞記事に添える写真として貸して頂けないだろうか、とアメリアに申し出た。

「残念ながら」と彼女は首を振った。

「遺灰の送り先となったマニラの住所も今となってはわからない。送り届けたフィリピン人女性も今はもう日本にはいない」

私の目を見て再びダリアのように微笑んだ。

「メイベリンの面影が残っているのは、私たちフィリピン人仲間の記憶の中だけ」

第二章　職人たちが中国人青年に伝えていること

4

勤務先の盛岡総局に戻ると、私は職場内で開かれた震災に関する編集会議の場で、津波で亡くなった外国人の取材を震災一二年目の個人的なテーマとして続けさせてもらえないだろうかと提案してみた。毎年三月になると大手メディアでは日本人の犠牲者に関する話題が洪水のように報じられる一方、外国人犠牲者をテーマにした話題はこれまでほとんど取り上げられたことがない。外国人犠牲者の実態については厚生労働省も警察庁も被災三県の沿岸自治体でさえも、その詳細を具体的には把握していない。それはあまりに不平等であり、不正義ではないのかと私は主張した。

同僚の反応はおおむね好意的だった。東日本大震災の発生から一〇年以上が経ち、震災を扱う記事は新聞でもネットでも「読まれない記事」の代名詞になり下がっている。

その理由についてはおそらく、この業界に籍を置く誰もが気づいていた。現在進行形で危機が継続している福島第一原発の問題を除けば、岩手・宮城両県では近年、新しい取材テーマを見つけることが格段に難しくなっている。震災当時はまだ新聞社に入社しておらず、被災直後の取材経験を持たない若い記者が年々増えていくなかで、気がつくと、過去に何度か報じられている被災者や取材テーマの「その後」を追うような続報スタイルの企画ばかりが紙面を埋めるようになっていた。震災関連の記事が読まれないのでは決してない。読者は「一度どこかで読んだような記事」を再び読みたくないだけなのだ。

そういう業界内の懸念が少なからず共有されていたこともあるだろう、私の提案はほとんど議論なく編集会議を通過した。

問題は外国人の犠牲者の取材をどのようにして進めていくかだった。震災直後こそ警察は新聞の死亡欄への掲載用に犠牲者の氏名と大まかな住所（多くが大字《おおあざ》まで）を公表していたが、それ以上の詳しい住所や連絡先については自分の手と足で調べるしかなさそうだった。一〇年以上も前の、しかも身寄りの少ない外国人犠牲者の関係者の連絡先を、どうやって割り出していくか――。

私にとって幸運だったのは、その編集会議の場で、沿岸部で取材を続ける同僚記者が「それならば、かつて大槌町で暮らしていた中国人の青年をまずは取材してみてはどうだろう」と助言してくれたことだった。

その青年は震災の前々年に日本人男性と結婚した中国人の母親の連れ子として来日し、津波で母親を亡くしているという。現在は首都圏で暮らしているらしく、同僚記者は青年と現在も交流があるという、岩手県大槌町の建設会社の社長の携帯番号を教えてくれた。

翌週、私は盛岡市から東北地方の中心都市である仙台市へと向かった。同僚から紹介された中国人の青年を取材する前に、どうしても会っておきたい人物がいた。

東北大学の男女共同参画推進センターで講師を務める李善姫《イソンヒ》。

ソウル出身で大学卒業後に来日し、二〇〇四年に東北大学大学院の国際文化研究科で博士号を取得した李は、東日本大震災の被災地における外国人コミュニティーの変化などについて調査を続けている数少ない研究者の一人だった。私は本格的に外国人犠牲者の取材に着手する前に、まずは災害下の被災地で外国人たちがおかれていた状況について、頭に入れておきたかった。

東北大学内に設置された彼女のオフィスに赴くと、李は何一つ不自然さのない流暢な日本語で私を出迎えてくれた。

「東日本大震災の外国人犠牲者についてはこれまで『四一人』だとされてきましたが、先日、警察庁に取材したところ『三三人』であるという回答を受けました」

私は取材の冒頭、研究者である李の関心を引きそうな「新事実」をあえて提示して、彼女の反応をうかがった。

「そうなんですか？」と李は一瞬大きく目を見開いて驚いた。「私も他の研究者と同じく、外国人の犠牲者は四一人だと思っていました……」

私が頷くと、彼女はしばらく何かを考えていたが、すぐに冷静な研究者の表情に戻って、「それでも」とその数字のボリュームが持つ意味について解説してくれた。

「ご存じの通り、東日本大震災では約一万八四〇〇人の方々が死亡・行方不明になっています。たとえ外国人犠牲者の数が三三人か四一人のどちらであったとしても、一九九五年の阪神・淡路大震災で六四三四人が亡くなり、そのうちの一七四人が外国人だったことと比べると、やはり東日本大震災の犠牲者における外国人の割合は決して高いものではなかったと言わざるを得ません。それ故に、東日本大震災では被災地における外国人の問題が大きな社会問題になりえなかったという実情があります」

「なぜ阪神・淡路大震災に比べて、東日本大震災では外国人犠牲者の割合が高くならなかったのでしょう？」

「それにはいくつかの理由があります」と李は教えてくれた。「まずは統計的に見て、東北地方は日本の中でも震災前、定住外国人が極めて少ない地域だったことがあります。震災直前の二〇一〇年一二月における被災三県（岩手、宮城、福島）の外国人登録者数は計三万三六二三人。人口比率は宮城〇・六九パーセント、福島〇・五六パーセント、岩手〇・四七パーセントで、日本全体の一・七パーセント弱と比べると外国人が占める割合が顕著に低い地域でした。津波の被災地に目を向けると、二〇〇八年当時、宮城県内で最も外国人の比率が高かったのが女川町で二・一六パーセント、続いて仙台市が〇・九八パーセント、南三陸町が〇・八六パーセント。女川では外国人の約七五パーセントが技能実習生で、残りは永住者や特別永住者、日本人の配偶者などでした。南三陸でも半数以上は技能実習生が占めており、ほかの永住者は日本人の配偶者。彼らの多くは日本での生活において家族や監理者がおり、日本のコミュニティーに組み込まれていたと言えると思います」

「つまり、震災が発生したときにも多くの外国人が周囲の日本人から助けを受けることができたと？」

「その通りです。でもそれ故に、被災地における外国人コミュニティーでは震災後、小さくない混乱が生じました。各地で外国人が地域に組み込まれていたために、各国の大使館や国際交流団体などが現場で自国民の安否確認や被災外国人への支援の糸口を探ろうとしても、なかなかうまくいきませんでした。大使館は通常、パスポートに記載されている本名を使って安否確認などを行うのですが、東北地方で暮らす結婚移住の女性たちの多くが通称名を使っており、親しい外国人同士でもお互いの本名を知らないケースがほとんどなのです。特に韓国や中国からの結婚移住者たちは見た目がそれほど日本人と変わらないため、外国人としてのアイデンティティーを隠して結婚した相手の地域に馴染もうとする。そのような『不可視化』は災害発生時、避難所などでは彼女たちが外国人であるという特性を配慮されず、極めて弱い立場に置かれてしまうという不利益につながってしまいます」

「つまり、抱えている問題が表出しにくくなることで、本来必要な支援やケアが届きにくくなると？」

「おっしゃる通りです」と李は頷いた。「たとえば、私が知っているケースでは、石巻市内で避難生活を送っていた当時四〇代の女性がそれにあたります。彼女は在日韓国人の父と日本人の母との間に生まれたものの、父親が認知をせずにその後離別したため、ずっと無国籍のまま日本で生きてきました。学校に通うことはできたのですが、戸籍がないために『日本の社会では何もできない』と思うようになり、自分の居場所を作ろうと二〇代で結婚。しかし、姑との関係悪化をきっかけに夫から暴力を受けるようになり、離婚を申し込んでも夫に拒否されて、長らくドメスティック・バイオレンスを受けなががら生きていました。ところが震災を契機に突然、夫から離婚を切り出されたというのです。その理由を尋ねると、彼女は私に『夫は受け取った義援金を私に分けたくなかったからだ』と説明しました」

「ひどい話ですね」と私は首を振った。「女性はその後、どうなったのでしょうか？」

「彼女は離婚し、そして住む場所を失いました」と李もやはり首を振りながら話を続けた。

「石巻市役所で『自分も被災者なので仮設住宅に入れないか』と相談しても、元夫が自宅の応急処置金を受け取っているため、仮設住宅には入れないと断られてしまったというのです。知人の家を転々とするなかで、彼女は最終的にホームレスのような状態になりました。一方で、彼女は三八歳のときに自分もどこかの国籍を取得しなければダメだと思い、韓国籍を取得していました。本来であれば、彼女は韓国大使館や韓国の支援団体を頼ることができたはずでしたが、彼女には自分が韓国人であるという認識が薄く、そもそも韓国人のコミュニティーにも入っていない。支援の枠組みからすっぽりと抜け落ちてしまっていたのです。支援団体や大学研究者らの要請で石巻市が被災外国人を対象としたアンケートを実施し、偶然、彼女がそのアンケートに答えたことで、初めて彼女の置かれている状況が社会的に認知されました。その後、支援者が市の担当部局に掛け合い、なんとか仮設住宅に入ることができましたが、そのときの彼女の所持金はわずか七〇〇円でした」

「七〇〇円……」

その金額を聞いて、私は被災地における外国人の現実を改めて目の前に突きつけられたような思いがした。

「震災後、外国籍の人々を取り巻く環境はやはり悪化したのでしょうか?」

私は先日訪れた宮城県南三陸町で暮らすフィリピン人女性、佐々木アメリアへのインタビューを思い出して聞いた。

「ええ、残念ながら、被災地における外国人を取り巻く環境は極度に悪化しました」と李は目を伏せて言った。「震災後、石巻市と気仙沼市が二〇歳以上の在留外国人にアンケートを実施したところ、震災前は非正規雇用が石巻三二パーセント、気仙沼三六パーセントだったのに対し、震災後はいずれも二三パーセントや三一パーセントと極端に減っていました。増えたのは『無職・主婦・学生』という無収入層で、石巻では二九人から四五人に、気仙沼では二二人から三〇人に急増していました。それらの統計は、多くの被災外国人が震災後、職を奪われたことを意味しています」

「被災地で再就職はできなかったのでしょうか?」

「現実問題として、かなり難しかったと思います。日本では定住外国人に対する社会政策が乏しく、多くの結婚移住者たちは日常生活のなかで日本語を学びます。滞在年数を重ねることである程度の日本語は理解できても、読み書きのできない人が圧倒的に多いのです。被災地の外国人へのアンケートでは、自分の日本語能力に対して『やや問題がある』『非常に問題がある』『まったくできない』と答えた人が、石巻では『読み』『書き』『会話』の順で、五八パーセント、七一パーセント、三九パーセント。彼女たちは日本語のスキルが低いため、一度職を失ってしまうと再就職が極めて難しくなってしまうのです」

「先日取材で訪れた南三陸町では、あるフィリピン人女性から『震災後、多くの外国人女性がシングルマザーになった』とも聞きました」

「ええ、その通りだと思います」と彼女は無念そうに頷いた。「実は被災地における配偶者と外国人居住者との平均年齢差は石巻で一三歳、気仙沼では一七歳となっており、いずれも年齢差が大きいのが特徴です。すでに定年退職している夫に代わって移住女性である妻が家計を支えている家庭も多く、移住女性たちが仕事を失ってしまい、結果、家族全体が崩壊に追い込まれてしまったケースもあります」

「それはつまり……」

李は残念そうな表情で結論を告げた。

「津波の犠牲になったのは決して亡くなった人ばかりではない。一連のデータは生き残った外国人もまた、過酷な現実を生き抜かなければならなかったということを意味しています」

5

同僚記者から紹介を受けた中国人青年・郭偉励は、かつて暮らしていた岩手県大槌町から南に約四五〇キロ離れた千葉市に住んでいた。ＪＲ船橋駅で私鉄京成線に乗り換え、簡素な造りの駅で降りると、駅前には英語と中国語で書かれた食品店の看板が立ち並び、バス停にはインドネシアから来たとみられる学生が列を作っていた。ここもまた首都圏近郊で昨今多く見られるようになった日本人と外国人が共生する町のようだった。

彼の自宅は最寄り駅からタクシーで二〇分ほど走った先にある、高度経済成長期に建てられた集合団地にあった。エレベーターはなく、コンクリート製の狭い階段を昇っていくと、最上階の五階で彼が鉄製の自宅の扉を手で押さえながら待っていた。

「你好《ニーハオ》」

私が慣れない中国語で挨拶すると、郭も照れくさそうに「你好」と中国語で返してくれた。彼の後ろから「初めまして」と流暢な日本語を話す女性が深々とお辞儀をしたので、私も慌てて頭を下げた。彼女はどうやら、郭から事前に聞いていた彼の中国人の婚約者らしかった。

家に入ると、白で統一されたリビングのテーブルにアールグレイの紅茶と甘栗の洋菓子が並んだ。

「今日は遠い所から取材にいらして頂き、誠にありがとうございました」

若い婚約者がさわやかに日本語で言ったので、私は少し驚いた。

郭は一〇年以上日本で暮らしているものの、日本語があまり上手ではなかったため、取材におけるやりとりは主に婚約者の日中通訳を介して実施することになった。中国で日本語を勉強し、今は日本の貿易商社で働いているという婚約者は、発音に若干の中国語なまりがあるものの、日本語の文法や難しい敬語表現などをほぼ完璧に使いこなすことができた。

「郭のお母さんの話は私も彼からいくつかは聞いたことがあるのですが、いずれも断片的なものばかりで……。だから今日は至らないところがたくさんあるかもしれませんが、一生懸命通訳しますので、どうかよろしくお願いいたします」

日本式に深々と頭を下げる婚約者の横で、郭も慌てて頭を下げた。そんな新婚のような二人の初々しさが、私にはどこか眩しかった。

「それではインタビューを始めさせて頂きますね」

私が笑いながらICレコーダーのスイッチを押すと、二人は互いに顔を見合わせて、少し恥ずかしそうにテーブルのイスに腰を掛け直した。

6

中国からの旅客機が仙台空港に着陸する直前、客室の窓から無数の高層ビル群が見えた。

中国・黒竜江省で育った郭が、日本人男性と再婚した母の陳秀艶を追って日本にやってきたのは二〇〇九年、彼が一六歳のときだった。郭にとって日本はアニメ「ドラゴンボール」と「スラムダンク」の国。大都会で新しい生活が始まるのだと期待と不安で胸がいっぱいだった。

母と空港で合流した後、車はなぜか仙台市内の高層ビル群を素通りし、はるか北方へと海沿いの高速道路を走り続けた。

到着したのは岩手県大槌町。仙台から北に約一六〇キロも離れた漁業を中心とした小さな港町だった。

想像とはまるで違う「日本」。

でもそんな予想外の風景を前に、彼はなぜか言いしれぬ安らぎを覚えた。

第一印象は「空気に味がする」。当時、中国では大気汚染が深刻化し、目に見えない粉じんによるぜんそくなどの疾患が社会問題になっていた。他方、大槌町では見渡す限りの青い海と蒼い山々に囲まれ、胸いっぱいに空気を吸い込むと、かすかに潮の味がした。空気にも味があるのだと、彼はその時初めて知った。

義父となった日本人男性もやはり再婚で、家には二人の兄妹がいた。言葉の通じない新しい家族との生活はどこかぎこちなく、郭は一日も早く外で働きたいと思うようになった。義父は漁師だったため、母の陳と郭は昼の間、義父の親族が経営する建築用の足場設営の会社で働くことになった。

一六歳の郭にとって初めての職場。一生懸命働こうと思ったが、道具の名前を覚えようにも日本語がわからない。二〇人ほどいる職人たちとのコミュニケーションも取れない。

技量の差も歴然だった。ベテランの職人たちが足場に使う鉄パイプを三、四本、一度に軽々と担いで運ぶのに対し、彼は一本担いだだけでよろけてしまう。その度に大声で怒鳴られるものの、日本語がわからない彼にとっては何を怒られているのか理解できない。

それでも半年ほど見よう見まねで仕事を続け、ようやく三本の鉄パイプを一度に運べるようになると、ベテランの職人たちが徐々に話の輪に加えてくれるようになった。会話の内容は依然わからなかったが、職人たちが自分を仲間の一人と見なしてくれているというその一体感が、彼には何よりうれしかった。

二〇一一年三月一一日。

郭は大槌町の南隣にある釜石市の建築現場にいた。アパートの建設がほぼ終わり、足場を解体する作業をしていたところ、大地が割れるように揺れ始めた。

彼はその時、足場の二階部分にいた。鉄パイプが「ガンガンガン」と激しくぶつかり、大きな音を立てて揺らめいた。安全ベルトをつけていたが、何度も足場から振り落とされそうになった。

「危ねえ、降りろ！」

ベテラン職人の指示に従って足場を降りると、職人たちはなぜか山の方に向かって駆け上がり始めた。彼は訳がわからないまま、慌てて彼らの後を追った。

直後、遠くに見えていた平らな海が盛り上がり、小山のようになったかと思うと、そのまま黒い濁流となって数百メートル先の市街地へと流れ込んできた。波の前には保険会社の駐車場があり、一〇人前後の保険会社の社員たちが車に乗り込もうと慌てて駐車場に飛び出してきていた。二台の車がエンジンを回し、駐車場を出ようとした瞬間、先頭の車が何らかの理由で動けなくなり、後続の車もろとも黒い波にのみ込まれてしまった。津波は工場の壁を打ち破り、白い砂煙をあげて、市街地の住宅をあっという間になぎ倒していった。

お母さんは大丈夫だろうか――。

一八歳の郭は咄嗟に母の身を案じた。大槌町の自宅は海から数百メートルも離れていない。

高台に避難した職人たちは自らの家族の安否を確かめるため、すぐさま車で大槌町に戻ることにした。ところが、道路ががれきに覆われてなかなか前に進めない。

深夜、郭は同僚の制止を振り切って車を降りると、水浸しの道を歩いて大槌町に向かった。三月の海水は皮膚が切れるほど冷たく、遠くの空が火災で真っ赤に焼けていた。どんなに歩いても大槌町にたどり着けないと悟った彼は、やがて職人たちに両脇を抱えられるようにして車内に連れ戻されると、明け方を待って職人たちと一緒に車で大槌町へと向かった。

第二の故郷は、見るものすべてが泥まみれだった。到着後、いくら避難所を捜し回っても、母の姿は見つからない。海沿いの義父の自宅は壊滅し、母の友人である中国人の家を回っても、目撃情報は得られなかった。

もうダメなのか……。

そうあきらめかけた震災三日後、握りしめていた携帯電話の着信音が鳴った。

〈秀艶さんと一緒にいます〉

どうやら同じ事務所で働く母の同僚が、母に代わって郭にメールを送ってくれたようだった。

しかし、いくら返事を送っても返信が来ない。電話もまったくつながらない。

思案の結果、そのメールは津波が押し寄せる直前に送られたもので、電波の復旧によって三日後に郭の携帯に届いたらしいことがわかった。

でも、お母さんはきっとどこかで生き延びてくれている――。

郭はそう自分に言い聞かせるようにして、翌日も翌々日も避難所を回った。希望を捨てるなよ、と同僚の職人たちも手分けして、大槌町や山田町の避難所を探してくれた。

三月末の東北にしてはあまりに暖かな春の日の朝、遺体安置所になった中学校の体育館の入り口の壁に母の顔写真が貼り出されているのを最初に見つけたのは、郭自身だった。

職場の上司に付き添われて遺体安置所の中に入ると、幼い頃からずっと一緒に過ごしてきた母の体が木の箱に収められていた。

お母さん……。

彼はその場で崩れ落ち、そこから先の記憶は有していない。

付き添いの上司に抱きかかえられながら遺体安置所を出る瞬間、悲報を聞いて集まってきた職人たちの、なぜか怒っているような声だけが、耳の奥に残った。

「お前は一人じゃないぞ！」

「俺たちがそばにいるんだからな！」

いつもの怒鳴り声が、なぜかその日は涙声になって聞こえた。

7

「でも、郭の身に起こった悲劇は、そこで終わりではありませんでした」

時折涙ぐみながら郭の話を通訳してくれていた彼の婚約者はそこで大きく息を吸い込むと、一度心の状態を落ち着けてから私に話の続きを聞かせてくれた。

実を言うと、私はその話の続きをかつて同僚記者が書いた新聞記事ですでに知っていた。それでも一生懸命事実を中国語で話そうとする郭と、それを必死に通訳しようとする婚約者の熱意に押されて、私は最後まで黙ってノートに証言を書き取ることにした。

同僚記者が書いた新聞記事やそのとき聞いた郭の証言によると、彼は驚くべきことに、東日本大震災に被災後、日本での滞在許可を取り消されてしまっていた。

郭は震災直前、来日二年になるのを前に、さらに一年間の滞在許可を日本政府に申請していた。震災後、その許可証を受け取りに仙台入国管理局に出向いたところ、担当官から「日本人の妻である中国人の母親が死去しているので、あなたはすでに日本の滞在資格を失っている」と告げられ、中国に帰国するよう求められたのである。付き添っていた職場の上司がどんなに説明しても、担当者の判断は覆らず、彼のパスポートには「出国準備」のスタンプが押されてしまった。

郭や職場の上司たちは入国管理局の判断に納得がいかなかった。彼の母は日本人と結婚し、郭自身も合法的に来日している。滞在の形態が変わってしまったのは、大槌町で母が大震災に被災し、命を落としてしまったからである。その責任が彼にあるはずもない。

郭は今や足場職人として立派に沿岸地域の復興の役に立っている。その未来ある一八歳の少年を、全世界から多大な支援を受けているこの国は中国へ送り返そうとするのか――。

彼の上司は知人の議員や行政書士などに相談し、なんとか彼を日本に留めておけないかと動き回った。

そんな不毛な闘いを続けていた二〇一二年五月、新たな不幸が郭を襲う。中国で暮らしていた彼の実父と実兄が、高速バスでの移動中に事故死してしまったのだ。

天涯孤独になってしまった彼は、中国の親類から葬儀に出席するよう求められたが、一度日本を出国してしまうと、再入国できなくなる可能性があった。

「日本にいろ。これからは俺たちがお前の家族だ」

職場の上司にそう説得され、彼は日本で暮らす決意を固めた。

郭に滞在資格が認められたのはその年の一一月。上司が弁護士を雇って交渉し、父兄の死によって中国に帰っても身寄りがいないことが確認された上での判断だった。


慟哭の日々から一二年。

郭は柔らかな夕日が差し込む集合団地のリビングの椅子に腰掛けていた。震災当時一八歳だった少年は今や三〇歳になり、隣に座る優しい婚約者の通訳を通じて中国語で一節ずつ、私に近況を伝えてくれた。

大槌町を離れ／憧れの東京に出てきたのは四年前／今は内装職人として必死に首都圏を飛び回っている／日本に来てから一四年／悲しいことも、うれしかったこともたくさんあった／でも、これだけは伝えたい／新聞記事に書いてほしい／今でも時々、大槌町の職場の上司や職人たちからスマートフォンに連絡が来る／「元気か?」「どうしている?」／そんなたわいのないやりとりに／時々涙がこぼれそうになる……／

「どうして、涙がこぼれそうになるのですか?」

かみ締めるように話す郭に向かって、私はあえて愚問を挟んだ。

その質問に郭が涙ぐみながら答えると、隣で通訳していた若い婚約者がワッと細い指で顔を覆った。

「だって……」

婚約者は郭の台詞を必死に日本語に通訳した。

「あの日からずっと、彼らは僕に『お前は一人じゃないんだぞ』って伝え続けてくれているんですよ」

第三章　彼女はいつも自転車に乗っていた

8

　ＪＲ千葉駅から乗り込んだ総武線快速は人身事故のために途中駅で一時停車し、約一時間半遅れてれんが造りのＪＲ東京駅に到着した。八角形のドーム天井を見上げながら丸の内口の雑踏を抜けると、雪山で太陽を直視したときのような鈍い痛みが目の奥に走った。

　私はこの街が苦手だった。人があまりにも多すぎるし、目に飛び込んでくる景色のすべてが直線的すぎる。上空を高いビル群で覆われているからか、降り注いでいる秋の日差しも、忙しそうに道を行き交う人々の視線も、交差点で鳴り響くメルセデスのクラクションさえも、普段、東北地方で暮らしている私にとってはあまりにも真っ直ぐで、同時に批判的であるようにさえ感じられた。

私が東京を訪れたのはある人物に面会するためだった。

元駐米大使の藤崎一郎。

東日本大震災の発災当時、日本政府の代表者の一人として同盟国であるアメリカ政府とワシントンで交渉に当たった藤崎は、震災翌年の二〇一二年に駐米大使を退任し、その後は上智大学の教授職などを経て二〇一三年からは日米協会の会長を務めていた。

同時に彼は駐米大使退任後も、東日本大震災で亡くなったあるアメリカ人女性の遺族を支援する活動を続けていることで知られていた。

この本の序章で取り上げたアンディー・アンダーソンの娘、テイラーである。

津波で亡くなった外国人については、これまで日本のメディアでほとんど取り上げられることがなかったが、彼女だけは例外的な存在だった。

宮城県石巻市の小学校で英語教師として勤務していた際に被災し、二四歳で命を落としたテイラーについては震災後、日米の架け橋になりたいと願っていた娘の遺志を継ごうと両親が基金を作り、被災地の小中学校などに彼女の好きだった英語の書籍や本棚を寄付する「テイラー文庫」の活動を続けていた。そのため毎年三月が近づくと、それらの活動が度々メディアで紹介されていた。

その活動を彼女の両親と共に見守り続けてきた中心人物の一人が藤崎だった。彼は駐米大使を退いた後にテイラーの両親が設立した「テイラー・アンダーソン記念基金」の共同理事長を引き受け、専務理事となった朝日新聞の元アメリカ総局長・高成田享とともに主に日本側の窓口となって被災地の小中学校に英語の本や本棚を送ったり、日本とアメリカの若者たちを交流させたりする活動を続けていた。

私はテイラーの取材を始めるにあたり、まずは藤崎に二四歳で亡くなったアメリカ人女性への思いを尋ねてみたいと思ったのだ。

面会場所として指定されたのは、東京都港区虎ノ門にある中曽根康弘世界平和研究所の応接室だった（藤崎は当時その研究所の理事長も兼務していた）。部屋に入ると、藤崎の駐米大使時代に撮影されたとみられる数多くのアメリカ政府要人との記念写真が目に飛び込んできた。ホワイトハウスで並ぶオバマ大統領夫妻との写真や、会合で出会った歴代の大統領とのスナップ写真などがずらりと棚を埋めている。

私は取材を快諾してくれたことへの感謝を伝えた後、藤崎と向き合うような形で応接室の柔らかなソファに身を沈めた。女性秘書が運んできてくれた日本茶に口をつけ、わずかに雑談を交わしてから、まずは震災直後の日本大使館の様子について藤崎に尋ねた。

「東日本大震災の第一報は外務省経由ではなく、日本にいる私の家族からの国際電話でした」と藤崎は穏やかな口調で震災を覚知した日のことを振り返ってくれた。

「震災発生が三月一一日の午後二時四六分ですので、現地時間では一一日未明になります。国際電話で家族から『日本が地震で大変なことになっている』と聞いて、すぐにNHKの国際放送を見つけ、大使館内に特別チームを立ち上げました。大使館はアメリカにおける日本政府のいわば出先機関にあたるわけなのですが、当時は日本があのような状況ですので、東京からは情報がほとんど入ってきません。ただ、大使館には外務省のほかにも財務省、経産省、防衛省、厚生労働省、文部科学省などから選りすぐりの人材が派遣されてきています。まずは彼らに出身省庁に連絡を取ってもらい、それぞれ情報を吸い上げてもらってから、今後、大使館としてどのようにアメリカ政府と交渉すればよいのか、すぐに協議を始めました」

「アメリカ政府とはどのような交渉を行ったのですか？」

私は無理を承知で、藤崎に少し踏み込んだ質問をした。秘匿性の高い二国間交渉については、その内容の多くがベールに包まれている。

「二国間交渉の内容については今回はちょっと勘弁してほしいのですが……」と藤崎は苦笑しながらも、その大まかな概要を私に開示してくれた。

「当時、米国務省では何週間もの間、日本のために泊まり込みのチームを編成して対応にあたってくれていました。私は駐米大使として一日に何度も国務省やホワイトハウス、国防省やエネルギー省に出向きました。アメリカ政府との交渉は直接的には東京の官邸や外務省が担うわけですが、アメリカ政府の決定権者はワシントンにおり、私たちは彼らに直接コンタクトすることができます。日本と米国とでは昼夜がほぼ逆転していることもあり、大使館をうまく使えば、一日二四時間、フルでアメリカ政府と交渉することができるのです。ワシントンに勤務する我々はそのバックチャンネルになろうと必死でした」

藤崎はそこでかつての日々を懐かしむように、棚に飾られた写真に視線を向けた。

「当時、アメリカ国内では大震災、特に福島で起きた原発事故を受けて、『日本はこれからどうなってしまうのだろう？』という不安が蔓延していました。オバマ大統領や当時のバイデン副大統領をはじめとする多くの政府高官が相次いで大使館を訪れ、励ましの言葉を掛けてくれたことはもちろんでしたが、私が強く胸を打たれたのは、アメリカ中の子どもたちが千羽鶴を折ってくれたり、誕生日にもらった一〇ドルを災害復興に使って欲しいと寄付してくれたりしたことでした。私は一日に何度もアメリカ政府高官と交渉を続けるなかで、日本の外交官として日本政府の立場をミスリードすることなく、正しい情報をアメリカの国民に伝えなければいけないという思いに駆られました」

「『正しい情報』？」

私は少し意地悪く、暗にネガティブな意味を含んだ――文字にすればカギ括弧つきの

――言葉を元駐米大使に問い返した。

「いえ、正しい情報です」と彼は私の言葉の含みを理解して苦笑し、小さく首を振って否定した。

「メディアの皆さんはよくそう言われますが、あの時、私たちは本当に必死だったのです」

藤崎が歴代駐米大使の中でとりわけ異色だったのは、彼が東日本大震災の発生後、メディアに露出することを極端に忌避する日本の官僚にしては珍しく、米テレビ局の要請に応じて積極的にテレビカメラの前に立ち続けたことだった。彼はその広い国の電波を利用して、全米の視聴者に日本政府の立場を説明し続けた「スポークス・パーソン」でもあった。

「でも、なかなか思うようにはいかないんですよね、アメリカのテレビって……」

彼はそこで何かを思い出したようにフッと笑った。

「こちらとすれば、日本の代表としてアメリカの国民にできるだけ正しい情報をお伝えしたいと思っているのですが、ご存じの通り、アメリカのテレビには日本と違って台本や事前の打ち合わせがないのです」

私も苦笑しながら頷いた。アメリカと日本ではジャーナリズムの考え方がまるで異なる。かの国のメディアは良くも悪くもむき出しの事実を好み、日本のメディアはそれらを丸めてどこか「食べやすく」してしまう。

「たとえば、CNNに出演したときなんて、キャスターに原発の被災状況などの説明を求められ、出番が終わったので帰ろうとすると、『あと一〇分いてほしい』と頼まれる。仕方なくスタジオで待っていると、画面が急に東京電力福島第一原発の現場へと変わり、突然、女性リポーターが『こちらでは今、メルトダウンの可能性についてみんなが話をしています』なんて現地報告を始めたりするのです。それを受けて、キャスターは私に向かって『あなたは先ほどメルトダウンについては話さなかった。現場はその話で持ちきりのようだが、その報告があなたには上がっていないのだろうか？』と切り込んできたりする。私は『色々とうわさはあるようですが、まだ確認できる情報には接していないので、お話ししなかったのです』と答えざるを得ませんでした」

藤崎は小さく笑ってテーブルに置かれたお茶で喉を潤した。

「東京の外務省からはテレビ出演にあたって想定問答集のようなものが送られてきましたが、そのほとんどが『事態の推移については、引き続き重大な関心を持って見守っている』というようなものばかりで、正直、あまり使い物にはなりませんでした。日本ではいざ知らず、アメリカでそんな木で鼻をくくったような回答をしたら、キャスターからも視聴者からも逆に反発を招いてしまいます。大使館では毎回、専門チームのメンバーで集まって『どこまでなら話せるか』を十分に協議してからテレビ出演に臨んでいました。でも……」

「でも？」

「アメリカのテレビというのはある意味、とても正直なんですよね。事実を隠さないというか、隠せないというか。だから、私が最初にテイラーさんのことを知ったのもやはりアメリカのテレビでした」

　藤崎はアメリカにおけるメディアの話題を起点にして、二四歳で亡くなったテイラーの遺志を継ぐ活動に関わるようになったきっかけについて話してくれた。

「震災の数日後だったと思うのですが、CNNのキャスターが当時、石巻市で行方不明になっていたテイラーさんのお母さんと妹さんにインタビューをしていたのです。それを見て、私はひどく驚きました。キャスターは震災で娘が行方不明になっている家族に対し、『日本は有名な地震国じゃないですか、そんなところにお嬢さんを送り出して心配じゃなかったのですか？』と問いただしているのです。私はなんと無礼な質問をするのかと憤りました。すると、テイラーさんのお母さんは穏やかに微笑みながら、『娘は日本に行くのが幼い頃からの夢でした。その夢を実現して日本に行ったのですから、私たちは喜んでいました』と整然と答えたのです。その落ち着いた対応に、私は胸が熱くなりました。テイラーさんのご家族を支えたいと思ったのは、おそらくそのときからではないかと思います。残念ながらテイラーさんはご遺体で見つかりましたが、父親のアンディーさんがご遺灰を持って日本から戻られたとき、私と妻でワシントンのダレス空港へとお迎えにあがり、そこで初めてご両親とお会いしました。それ以来、テイラーさんやご両親の気持ちをなんとか日本の方々にも伝えたいと思うようになり、私なりにご協力させて頂いている次第で……」

9

首都圏での取材から戻ると、東北地方では短い秋の終わりを告げるような冷たい雨がしばらく続いた。私は登山用のレインコートを小脇に抱え、宮城県の沿岸部へと取材に出向いた。

津波で亡くなったテイラーの親友だった阿部麻衣子は、宮城県名取市にある閖上《ゆりあげ》小中学校で養護教諭として働いていた。

閖上の「閖」という文字は従来の漢字にはない、日本で作られた「国字」である。そこはかつて名取川の最下流にできた潟湖と、貞山堀と呼ばれる運河に囲まれた、文字どおり無数の「門」から豊かな「水」が見える風情ある港町だった。

そんな歴史ある街並みにも二〇一一年三月、大津波が押し寄せ、七五四人もの貴い命が失われていた。閖上中学校における生徒の犠牲者数は一四人。その数は石巻市の大川小学校、釜小学校に次ぐ悲劇として人々の心に記憶されている。

阿部は震災後の二〇一八年に新設された閖上小中学校に、いわゆる「保健室の先生」として勤務していた。

「なぜだかよくわからないのですが……」と子どもたちの下校後、保健室の丸椅子に座りながら取材に応じた阿部は、ケラケラと笑いながら自らの境遇をいささか自虐的に振り返った。

「私、震災からこれまで全部で六回も転勤を繰り返しているのに、なぜか毎回、被災地の学校に配属されちゃうんですよね」

もちろん、彼女はその理由を知っている。保健室の先生は子どもたちの心と身体を受け持つ。成長期に家族や思い出を失うという悽愴《せいそう》な体験をした子どもたちと正面から向き合える養護教諭は、実はそれほど多くない。喪失した者にしか見えない光景がある。同じ傷を抱えた者にしか、感じられない痛みがある。

「えっと、それで今日はテイラーについての話でしたっけ？」

彼女はまるで保健室にやって来た生徒に対応するかのように私に聞いた。

「テイラーかあ、懐かしいなあ。いつもあんなに近くにいたのに。今でも時々思うんですよね、人生って本当に不思議だなあって」

そのとき偶然、学校のチャイムが鳴り、我々の会話が遮られた。遠くで生徒が教師を呼ぶ声が聞こえ、ひょうきんな保健室の先生はそのチャイムが鳴り終わるまでの間、どこか視点がさだまらないような感じで、ずっと天井を仰ぎ見ていた。

10

阿部麻衣子がアメリカ人のテイラー・アンダーソンと知り合ったのは二〇〇八年、石巻市に新しく赴任してきた外国語指導助手を迎える歓迎会の席だった。

当時、阿部は二六歳。テイラーは大学を卒業したばかりで、同じ二〇代前半の外国語指導助手、台湾系アメリカ人のキャサリン・シューと仲良しだった。

数週間後、三人は偶然、石巻市中心部にあるイオンで再会する。意気投合した三人はその場で一つの提案をした。

「私たち、毎週ここで集まらない？」

おしゃべり好きの三人は以来、毎週水曜日にイオンのフードコートに集まり、グループ・スタディー（集団学習会）を始めた。学校が終わった午後六時から午後九時まで、フードコートで簡単な夕食を取りながら、お互いに英語や日本語を教え合う。時には数人の外国語指導助手も加わり、趣味の漫画や日本文化の話題に花を咲かせた。

休日になると、三人は誘い合ってドライブに出掛けた。近くにおいしい店ができたと聞けば食べに行き、デパートの試着室では何着も洋服を持ち込んでファッションショーをした。鳴子温泉にも一緒に入って、ガールズトークで盛り上がった。

あるとき、車の中で将来の進路が話題に上ると、テイラーは嬉しそうに話した。

「私、日本が大好きだから、将来は米国と日本の架け橋になれるような仕事がしたいな」

そんな親友の夢を助手席で聞きながら、阿部は自分のことのように嬉しかった。テイラーやキャサリンと笑い合える日々がこれから先もずっと続いていく――そんな「未来予想図」を当たり前のように思い描いていた。


二〇一一年三月一一日。

阿部は太平洋に突き出た岬の先端にある石巻市立大須小学校にいた。高さ四〇メートルの高台の上に建設された開校一〇年目の小さな学校で、全校児童はわずか一四人。その立地条件から災害時には周囲に避難路の確保が難しくなるため、三機のヘリコプターが同時に校庭に着陸できるよう設計された「災害に強い」教育施設だった。

その日は年度末の大掃除のため、児童全員で床のワックスがけをすることになっていた。

午後二時四六分、轟音と共に両足でも立っていられないほどの激震に襲われた。

子どもたちの近くに駆け寄りたくても、身動きが取れない。

「頭を隠して！　ダンゴムシの姿勢！」

そう叫ぶのが精いっぱいだった。

津波が来るかもしれない。揺れの大きさからそう確信した。実家は南三陸町の海沿いで民宿を営んでいる。小さい頃から「地震の後には津波が来る」と教えられていた。学校は岬の高台に作られている。ふと外を見ると、そこにあるはずの海がなかった。津波の前兆で、海の水が完全に引いていた。

まずい……。

子どもたちを大急ぎで校舎最上階の三階に集め、円陣を組ませた。校舎の壁が崩れてくる危険があったため、子どもたちの上に布団を載せ、上から教師が覆いかぶさった。

「大丈夫だ！　大丈夫だ！」

教師たちが自分たちに言い聞かせるように叫ぶ。

次の瞬間、周囲の空気が一斉に震えた。

津波が押し寄せてきた直後の状況を、阿部は子どもたちの上に覆いかぶさっていたので見ていない。

海を目にしたのは十数分後。津波は引き波へと変わり、破壊された家や車をものすごい力で海へと引き込んでいった。

「ああ、ダメだ、ダメだ……」

力なく叫ぶ同僚教員の手をじっと握りしめながら、阿部は養護教諭としてこれから何をするべきなのかを考えていた。

しばらくすると、海沿いの集落から住民たちが次々と学校に避難してきた。

その数、約四二〇人。

津波に巻き込まれてけがをした人や、海を泳いで助かったという人もいた。保健室で服を脱がせてみると、全身が打ち身で真っ青になっている。血圧を測ると高齢者の多くが基準値を超えていた。

養護教諭としてたった一人でけが人の手当にあたらなければならなかったが、薬もなければ、湿布も足りない。最寄りの病院がある雄勝地区も壊滅しているらしく、電話もまったくつながらなかった。

周囲の状況から、南三陸で民宿を営む両親についてはあきらめることにした。職業人として、今自分の手に委ねられている子どもや住民の命を守ることに全力を尽くそうと心に誓った。

連日、校長室で寝起きし、三月一五日には学校に避難している住民の数が七〇〇人を超えた。

学校の外に出られたのは震災から一〇日が過ぎた頃だった。同僚教員の車に乗って実家のある南三陸に向かうと、見慣れたはずの雄勝や南三陸の街が完全に姿を消していた。ニュースでは「壊滅」と伝えられていたが、阿部にはそれが「消滅」、あるいは「蒸発」してしまったように見えた。

実家に向かう途中、偶然にも携帯電話がつながり、両親が南三陸の避難所に避難していることを知らされた。朗報に涙があふれた。

その直後だった。思いがけない電話を受けた。親友のキャサリンからだった。

「ねえ、テイラー、知らない?」

「えっ、知らないけど、どうして……」

キャサリンは何も言わない。

そのとき初めてテイラーが行方不明になっていることを知った。

「嘘でしょ……」

声が震え、叫ぶようにせがんだ。

「嘘って言ってよ!」

11

「テイラーの遺体が見つかったと聞いたのは、それからしばらく経ってからのことでした」

阿部は日が暮れて薄暗くなった保健室で、あまり感情を表に出さずに言った。

「後で聞いたところによると、ティラーは当時勤務していた石巻市の万石浦《まんごくうら》小学校で児童を避難させた後、通勤で使っている自転車に乗ってアパートに戻ろうとして、津波にのまれたらしいということでした。私、それを聞いて『あ、自転車な』って思いました。彼女、いつもとびきり明るくて、メチャクチャ元気なんです。だからどんなに寒い日でも、雪が降るような日でも、学校に自転車で通ってた。自転車で亡くなったことが、なんだかとってもティラーらしいなって思えて、だから思わず笑えてきて。で、次の瞬間、『なんで、なんで』ってとめどなく涙があふれ出てきて……」

彼女は両目にうっすらと涙を浮かべながら、親友が亡くなった後の学校生活について語ってくれた。

「それで私、震災のわずか一カ月後の二〇一一年四月に、太平洋に面する大須小学校から、今度は石巻市の中心部にある渡波《わたのは》中学校に異動になったんです。でも、そこの周囲も津波で大きな被害を受けていて、近くがティラーの通学路で、実際にその学校の近くで彼女の遺体が見つかったんです。だから着任後、私、なんだかティラーに仕組まれたみたいだなあ、これは絶対、彼女が『私のこと、忘れないように！』って言っているなって思いました。そこはティラーが震災前に英語の授業を受け持っていた学校でもあったので、生徒たちもみんな彼女のことを覚えているんですよ。もう何から何まで『ティラー、ティラー』で。だから私、生徒たちに向かってこう話したんです。『みんな、ティラー先生って覚えてるでしょ？　彼女、いつもなんだか知らないけど、やけに楽しそうだったよね。笑ってばかりだったでしょ？　だからみんなも、これからつらいこともあるかもしれないけれど、笑って生きよう。そう、ティラー先生がやってたみたいに！』って。事実、あの頃学校には家を失ったり家族を亡くしたりした子どもたちがたくさんいたんです。生徒もボロボロだったけれど、教師たちもみんなボロボロでした。死者と生者の境目がひどく曖昧で、だから……」

阿部はそこで涙がこぼれないように両目をつぶった。

「私、ずっと、震災後もテイラーと一緒に暮らしてたような気がする」

二時間半のインタビューが終わると、学校の外はすでに真っ暗だった。阿部は帰り際、非常灯の明かりを頼りに私を下校口まで見送ってくれた。

「あ、そうだ」

阿部は振り向きざまに、何かを思い出したように私を呼び止めた。

「キャサリンが毎年三月になると日本に会いに来てくれるんです。もし次の来日時にタイミングが合えば、彼女にもテイラーの思い出話を聞いてみませんか？」

テイラーの親友だったキャサリンは震災の年にアメリカに帰国すると、大学で心理学の博士号を取得し、最近、米カリフォルニア州でカウンセリングのクリニックを開院したのだという。毎年三月に来日して、阿部のアパートで寝泊まりしながら数日間、テイラーとの思い出話に花を咲かせるらしかった。

「ぜひとも、お願いします」と私は嬉しくなって彼女の誘いに頭を下げた。震災で二人だけになった「三人組」が、ガールズトークで盛り上がる姿を頭の中に想像していた。

「わかりました。今度、キャサリンに連絡を取ってみますね」

阿部はひょうきんな保健室の先生の笑顔に戻って言った。

「彼女もテイラーに負けず劣らず、かわいいですよぉ。そんな彼女が毎年三月になると、日本に会いに来てくれる。それが私、とっても嬉しくて。二人で『テイラー、今、何してるかな？』『大好きだったお気に入りのあの服、着てるかな？』なんて笑いながら、その後、二人で大泣きするんです」

第四章　イスラムの国から来た青年

12

盛岡から二時間半ほど東北新幹線に乗ってJR宇都宮駅に降り立つと、街には過ぎ去ったはずの秋の気配がまだしっかりと残っていた。空には竜の鱗のような雲が浮かび、穏やかな日差しのもと、駅前の大通りでは制服姿の女子高生たちがドーナツを食べながら談笑していたり、中高年のランナーたちが集団でジョギングを楽しんでいたりしていた。

私は期待していたほど駅前に外国人の姿が見当たらなかったので、ペデストリアンデッキで立ち話をしていた感じの良さそうな中年の二人組女性に「南アジアの料理を出す飲食店を知りませんでしょうか？」とひとまず声を掛けてみた。

「南アジアの料理？」

二人組の女性は突然声を掛けてきた私に一瞬身構えるようなそぶりを見せたが、私が東北地方からやってきた新聞記者であることを告げると、一転して好奇の視線を私へと注いだ。

「南アジアの料理と言っても色々あると思うんだけれど」と背の高い方の女性が私に尋ねた。「具体的にどんな料理を出す飲食店を探しているんですか？」

「できれば、パキスタン料理」

「パキスタン料理⁉」

二人はなぜかそこで大笑いして、おなかが痛いとでもいうように腹部を押さえるジェスチャーをした。

「パキスタン料理かあ」と今度は背の低い方の女性が言った。

「パキスタン料理を出す店は……ちょっと知らないなあ。そもそもパキスタン料理というものがどういう料理なのか、私は知らない。でも、心当たりがないこともないから、今から私たちが案内してあげるわよ」

背の低い方の女性はそう言うと、もう一人の女性を残したまま、近くの駐車場に車を取りに行ってくれた。

車を待っている間、背の高い方の女性が教えてくれた。

「実は私たち、昔、小さなタウン誌の編集をやっていたことがあるのよ。まあ、取材というか、新聞記者さんがやっているのとはちょっと違って、お店の広告を集めた宣伝ばかりの冊子だったけれど、それでも十分楽しくて。だから結構お店も知っているのよ」

駅前のロータリーにやって来たのは、小型の赤いフォルクスワーゲンだった。ハンドルを握った背の低い方の女性は、私を助手席に、もう一人の女性を後部座席に乗せると、好奇心を隠さない瞳で私に尋ねた。

「で、パキスタン料理ってことは、やっぱり事件か何か？」

「いや、違うんです」と私はすぐさま否定した。「実は今、津波で亡くなった外国人の取材をしていまして……」

「えっ、津波？」と今度は後部座席の女性の方が目を丸くして私に聞いた。「津波って、あの東日本大震災の津波のこと？」

「ええ、そうなんです」と私は答えた。「実は宇都宮に住んでいた外国人の方が震災の津波で亡くなったみたいで。その生前の様子を知りたくて宇都宮まで来たんです」

二人組の女性は互いに顔を見合わせて「へえ～」と少しびっくりしたような声で言った。私はどうして良いのかわからず、ただフォルクスワーゲンの助手席に黙って座っていたが、二人は「そんなことあったんだぁ」「これって、意外と栃木じゃ知られていないローカル・ニュースなんじゃない？」とひとしきりおしゃべりを交わした後、「ねえ、どこに行こうか？」と向かうべき飲食店について色々と頭を悩ませてくれていた。

私自身、その時点で具体的な行き先を持っているわけではなかった。警察庁への取材では、東日本大震災で一人のパキスタン人が亡くなっていることはわかっていた。震災直後の新聞をめくってみると、無数の日本人犠牲者の名前に隠れるようにして「サレーム・モハメド・アヤズ、四三歳」という、おそらくパキスタン人の犠牲者と思われる氏名を見つけることができた。

その際、私にとって驚きだったのは、新聞に掲載されている彼の住所が「宇都宮市」だったことである。宇都宮市は北関東にある栃木県の県庁所在地であり、津波で被害を受けた東北沿岸部からは遠く離れた内陸にある。なぜ宇都宮市で暮らしていたパキスタン人があの日、津波で命を落としたのか――。

栃木県庁や宇都宮市内の各種の国際交流団体に電話で問い合わせてみても、誰も彼の存在を知らないどころか、津波で亡くなった外国人が栃木県内にいることさえ認知していなかった。宇都宮駅前で出会った二人の中年女性と同じように、電話口に出た誰もが「そんなことがあったのですか？」「全然知りませんでした」とただ首をかしげるだけなのだ。彼の情報にたどり着くためには、現場を歩き回ってみるしかなさそうだった。

二人組の女性が最初に案内してくれたのは、こざっぱりとした真新しいインド料理店だった。私は二人に車の中で待機してもらい、まずは軽く店内の様子を見て回ることにした。そこは日本人スタッフが経営する日本人客を対象としたレストランらしく、店内では日本人の家族連れが楽しそうに笑顔でチーズナンをほおばっていた。

「どうでしたか？」

車に戻るとすぐに後部座席の女性が私に尋ねた。

「いやあ、ちょっと違うみたいですね。できれば、日本語があまり通じないような、外国人向けの飲食店が良いのですが……」

「ああ、それなら」と今度は運転席の女性が声を弾ませて言った。

「昔、友達と行ったレストランがあるわ。パキスタン料理じゃないかもしれないけれど、あそこなら、たぶんご要望に近いわ」

二人組の女性が次に案内してくれたのは、見るからに日本人を対象としていない、南アジア系のレストランだった。店の前には複数の南アジアの国旗が掲げられ、看板も片仮名と英語で手書きされていた。

店内に入ると、すぐに南アジア出身者とわかる若者たちが四人で黄味がかったラッシーを飲みながら雑談をしていた。私は車で待っていた二人組の女性に「ここでいいです」とお礼を述べると、お土産用に持ってきていた岩手県特産の小岩井農場のチーズを手渡し、赤いフォルクスワーゲンが角を曲がるまで見送った。

レストランに入ると、店の奥にあるベニヤ板で作られたような窮屈なボックス席に腰を下ろした。メニューを見てみると、店で出されているのはパキスタン料理ではなく、どちらかと言えば、ネパール料理であるようだった。

注文を取りに来たのは、南アジアの出身らしい、日に焼けた若く小柄な女性だった。私が小さく「ナマステ」（サンスクリット語で「こんにちは」）と挨拶すると、女性は嬉しそうに「ナマステ」と微笑み、「インドかネパール、来たことある？」と日本語で私に聞いた。

「ええ、何度か」

「どこ？」

「アムリトサルやポカラに全部で二カ月間ぐらいいいました」

「うわあ、それはすごいね」

私は女性にダルカレー（豆カレー）とナンを注文し、モモ（挽き肉を小麦粉の皮で包んだネパール風の蒸し餃子）とヨーグルトを絡めたサモサのような食べ物を追加で頼んだ。調理場にいる中年女性がネパール出身でこの店の経営者らしく、その他にも二〇代の南アジア出身とみられる男性が一人、ホール係として働いていた。

料理がテーブルに並べられると、私はそれを両手でかき込むようにして食べた。すべては指と舌が覚えている。プルーストがマドレーヌを口にしてかつての記憶を呼び覚ましたように、私にとってのそれも、やはり味覚にひもづけられているようだった。韓国の記憶は韓国料理に、ギリシャの思い出はギリシャ料理に。私はそのとき確かに北関東の宇都宮にいたが、思考は遥か遠くの灼熱のインドやネパールの高原を旅していた。

私が人生に絶望し、世界一周の旅に出たのは二一歳のときだった。スキー場のアルバイトで貯めた四五万円をすべてトラベラーズチェックに換え、格安航空券を握りしめてアメリカ西海岸へと渡った。

今振り返ってみれば、世界はまだ貧乏旅行をする若者に寛容だったように思う。西海岸を北上し、アラスカからヒッチハイクでニューヨークへと向かう途中、私は農場の住み込みバイトなどでなけなしの旅行資金を稼いだが、その後、ヨーロッパへと渡り、中東に入る頃には所持金がほぼ底をつきかけていた。陸路で日本に戻るためにはあと数カ月、南アジアを一日数ドルで食いつながなければならなかった。

その途上のインドで、私は人生が変わるような体験をした。ある朝、親しくなったインド人に屋台に連れて行かれ、そこで食事をご馳走になった私は、気がつくと身ぐるみ剝がれて道ばたの下水溝に横たわっていた。どうやら飲食物に睡眠薬が混入されていたようだった。幸い、パスポートは腰に巻き付けていたベルト状の小袋の中に残されており、ブーツの内底に縫い込んでいた一〇〇米ドルほどのトラベラーズチェックが無事だったため、なんとか旅行は続けることができたが、その後は心身が優れない状態が長く続いた。

そんな乞食同然になった日本人の若者にも、インドやネパールの人々は限りなく優しかった。自分の親類も日本でお世話になっているからと行く先々で食事をご馳走してくれ、土作りの家に何泊も泊めてくれた。私は「おしん」（連続テレビ小説の主人公）と呼ばれたり、「つばさ」（サッカー漫画の主人公）と呼ばれたりして、昼間は子どもたちと路上で紐を丸めただけのボールでサッカーをして遊び、家に戻ると家族みんなで炭火で焦がした鶏のケバブを争うようにしてほおばった。私はその度に丁寧にお礼を言い、ロバ車の荷台に乗せてもらって旅を続けた。

そんな遠い日々の思い出を振り返りながら、宇都宮市の南アジア料理店で酸っぱいヨーグルトがかかったサモサをほおばっていると、なぜか涙が止まらなくなった。

哀愁ではない。悲しかったわけでもない。

私はたまらなく淋しかったのだ。

日本のメディアではそのとき、名古屋出入国在留管理局に収容され、その後死亡した三三歳のスリランカ人女性の問題が連日報道されていた。

あまりに陰惨な事件だった。二〇一七年六月に留学生として来日したスリランカ人女性は二〇二〇年八月に不法残留容疑で逮捕され、名古屋入管に収容されていた。二〇二一年一月には体調が悪化し、二月の尿検査では飢餓状態を示す結果が出ていたのに、入管は彼女を放置し、三月六日に死亡させていた。開示された映像にはベッドで嘔吐し、「きょう死ぬ」「病院、持っていって。お願い。お願いします」と職員に懇願する姿が映されていた。

一連のニュースを見る度に、私はかつて南アジアの国々で受けたホスピタリティーと、日本政府が今、彼らに対して実施している冷酷な施策とのあまりのギャップに震え、この国から逃げ出したい気持ちになった。

この国の政府や人々は白色人種、特にアメリカ人には極めて寛容である一方で、フィリピンやベトナムといった東南アジア人、インドやネパールといった南アジア人、アフリカ出身の黒人などについては暴力的なまでに冷たい。四方を海に囲まれ、歴史の中で長く外国人と接触をしてこなかったために、異文化を受け入れる懐が浅く、彼らとの適切な距離の取り方がわからない。ゆえに無知や不理解がすぐさま恐怖へと変化し、安直な「ゼノフォビア」（外国人嫌い）へと転化してしまう。

そしてそれらの傾向はおそらく、私が今取材している「津波で亡くなった外国人」についても同じことが言えそうだった。震災で亡くなった白人のアメリカ人女性の死は毎年大きく報道される一方で、フィリピン人やパキスタン人の死はこれまで決して報じられることがなかった。人種や性別、国籍にかかわらず、人は皆平等なのだと日々紙面や番組で謳いながら、それらを実行に移してこなかったメディアもまた、静かなゼノフォビアに加担してきたのではなかったか――。

飲食店を経営するネパール人女性やテーブル席で食事をしていた数組の南アジアの青年たちにも津波で犠牲になったパキスタン人のことを尋ねてみたが、いずれも「聞いたことがない」「何も知らない」という回答だった。

私はその日はビジネスホテルに逗留し、翌日もインド・ネパール料理店を数軒回ったが、誰も津波で亡くなったパキスタン人の存在を知らないどころか、東日本大震災についての興味もあまり持ち合わせてはいないようだった。

私は落胆して勤務先の盛岡へと戻った。

13

「東北地方でパキスタン人が亡くなったというのは本当か?」

私のスマートフォンに突然、パキスタンのテレビ局でリポーターをしているという男性から連絡が入ったのは、宇都宮の出張から戻って数週間が過ぎた頃だった。

私は彼の意図がすぐにはのみ込めなかった。彼の英語が若干聞き取りにくいものであったことに加え、彼が「私はパキスタン人のラシッド・サマドです」と最初に自らの国籍と本名を名乗ったことにも若干の違和感を覚えた。なぜ私の携帯電話の番号を知り得ているのかも不審だった。

しかし、警戒しながらしばらく会話を交わしていると、その電話の内容が彼の一方的な勘違いであることが徐々にわかってきた。サマドと名乗る男性の説明によると、彼は私が宇都宮出張の際に訪問したモスクの関係者から「どうやら東北でパキスタン人が亡くなったらしい」との情報提供を受け、私の名刺に書かれた携帯番号に電話を掛けてきたらしかった。

「違う」と私はサマドの情報を否定した。「私が捜しているのは最近亡くなったパキスタン人じゃない。一二年前に東日本大震災の津波で亡くなったパキスタン人です」

「一二年前の津波で?」

「そうなんです」と私は言った。「実は東日本大震災の津波でパキスタン人が一人亡くなっている。場所はわからないのだけれど……」

「それは俺の友人だ」

えっ、と今度は私が驚く番だった。

「あなたはサレーム・モハメド・アヤズを知っているのですか?」

「もちろんだ」とスマートフォンの向こう側で声が言った。「アヤズは俺の親友だ。津波で亡くなったとき、彼の葬儀にも出席している」

「葬儀も行われたのですか？」

「ああ、坂東市のモスクでね。一〇〇人を超えるパキスタン人が参加して、彼の遺体に別れを告げた」

私は突然飛び込んできた情報をうまく整理することができないまま、気が付くと、「もし可能ならば、詳しく話を聞かせていただけないでしょうか？」とスマートフォン越しに取材を申し込んでいた。

「まあ、良いけれど……」と少し沈黙があってサマドが応じた。「俺も忙しいから、短めに頼むよ」

私は面会取材を希望した。もともと電話取材を是としていない、時間を取ってもらって面会し、人間関係を作ってからでないと、うまく質問ができないタイプの取材者なのだ、と彼に電話で説明をした。

「わかったよ」とサマドはスマートフォン越しに笑って言った。

「報道関係者ってのはどこも同じだな。時間を作ってしっかり対応するよ。でも、なんだか不思議な気分だぜ。俺が取材をしようと思って電話を掛けたのに、逆に取材を受けることになるなんてな……」

14

久しぶりに訪れた東京都荒川区は、私がかつて東京で勤務していた約二〇年前とそれほど変わっていなかった。新築のタワーマンションの林立により空の線こそいくぶん変容しているものの、足元には中小の工場群が軒を重ね、小型トラックがエンジンをうならせて裏路地を通り抜けていく。その騒々しさと排ガスのにおいは、未来永劫変わらないこの町のアイデンティティーであるようにも思えた。

駅前のスーパーに入ると、「最安値！」と手書きされた札が野菜売り場のあちこちに貼り出され、大勢の女性客らが忙しそうに手を伸ばしている。昭和的ともいえる風景の中には、少なくない数の東南アジア人や南アジア人の親子連れが紛れ込んでおり、見慣れた下町の風景に新たな活気を生み出していた。

スーパーの駐車場で待ち合わせたサマドは、上背が一八五センチ以上もある五〇代後半のパキスタン人だった。黒のジャケットに身を包み、声が極端に低いので、若干威圧感があるが、短く雑談を交わした後はお互いメディア業界で働く者同士、すぐに打ち解けた関係になった。

「いやあ、本当に申し訳なかったね」とサマドは最初に英語で謝った。

「モスクの知人から『東北でパキスタン人が亡くなった』って聞いたものだから、慌てて電話を掛けてしまって。でも、もしそれが『日本人の記者が津波で亡くなったパキスタン人を取材で探しているので協力してほしい』という話だったら、おそらく電話はしなかったと思うな。君もそうだと思うけれど、ほら、俺たち、忙しいからさ」

私は小さく笑って頷きながら、彼に取材に応じてくれたことへの感謝を伝えた。

彼が案内してくれたのは駅から十数分ほど離れたタワーマンションの高層階だった。彼はそこをオフィス兼住居として使っているらしく、窓からは薄曇りの東京の下町の風景を一望することができた。ローテーブルの上には南アジア産のナツメが置かれ、リビングには中東のペルシャ絨緞が敷かれている。

インタビューはその南アジア風のリビングの床にお互い向き合って座りながら実施することにした。彼は時折、大型テレビから流れるパキスタンのニュース番組に目をやりながら、私の質問に日本語と英語のミックスで答えた。

「この国で一人の命が失われたのに、ほとんどの日本人がそれを知らない。それはあまりに悲しいことだと、俺はこの国で暮らしながら時々、外国人の一人として思うんだ」

取材の冒頭、彼は私ではなく、床の上に据えられた録画用のデジタルカメラを見つめながら言った。

「日本はとても良い国だと思う。世界的に見ても平和だし、治安も維持されている。でもね、ここで暮らしていると時折、あまりにも悲しくなるというか、時間の流れがちょっと『速すぎる』と感じるときがあるんだよ」

サマドへのインタビューはそんな少し棘のある言葉のやりとりから始まった。

サマドがパキスタンから日本にやって来たのは一九八〇年代だった。一九八九年まではパキスタン人にはビザの免除措置があり（以後は停止）、当時は多くの若者がパキスタンから日本に渡ってきていた。

彼を含めた多くのパキスタン人にとって、当時の日本は世界でも経済成長が著しい、マルコ・ポーロが記した「黄金の国ジパング」そのものだった。パキスタンの高級店で売られている電気製品はどれもがソニー、カシオ、パイオニアであり、街中の道路はトヨタ、ホンダ、日産の車で溢れかえっていた。学生時代に父親からヤシカのカメラを買ってもらったサマドも、やがて日本行きを夢見るようになった。メイド・イン・ジャパン——それは高級品の証であり、輝ける未来を約束する神話でもあった。

サマドは知人を頼って来日した後、関東近郊の印刷会社や中古車販売会社などを転々としながらお金を貯めるために必死に働いた。その際、埼玉県越谷市で開かれていた中古車のオークション会場で、同年代のパキスタン人とよく顔を合わせるようになり、親しくなった。

それがラホール出身のサレーム・モハメド・アヤズだった。

ひょうきんでいつも笑顔を絶やさないアヤズは、周囲を笑わせるのが大好きな青年だった。爽やかで誰からも好かれるお調子者。何度か一緒に食事をするうちに、すぐに携帯電話で中古車の情報をやりとりするようになった。

その後、サマドはパキスタンのテレビ局と契約し、リポーターの仕事を請け負うようになった。大使館が開催する交流イベントの運営にも携わり、それを映像におさめて祖国へと送る。取材や編集には膨大な時間を必要としたが、パキスタン人にとって憧れの国である日本の姿を祖国の視聴者に伝えられる喜びは、彼にとって何物にも代えがたい経験だった。

そんなリポーターの仕事を始めて数年が過ぎた春の日に、あの震災は起きた。

二〇一一年三月一一日。

サマドは東京都港区のパキスタン大使館で職員とイベントの打ち合わせをしていた。地球の地軸が突然傾いたのではないかと思えるほどの激震に大使館のパキスタン人スタッフはパニック状態に陥ったが、日本人職員の誘導によってなんとか近くの公園に避難することができた。

以来、混乱の日々が長く続いた。大使館には国内外から日本にいる約一万人のパキスタン人の安否を問う電話が殺到し、大使館員は不眠不休で対応に当たらなければならなかった。

国民の九割以上がイスラム教徒であるパキスタン人は、日本の各地に点在するモスクを中心にコミュニティーを形成している。間もなく、ほとんどの在住者の安全がモスク経由で確認されたが、安否のわからない人が何人かいた。

そのうちの一人が親友のアヤズだった。震災当日はトラックの運転手の仕事を請け負っていたらしく、大使館には職場から「アヤズさんが東北地方に配送に行ったまま、帰って来ていない」との連絡が寄せられていた。

震災から約一〇日後、一通の連絡が入った。

「福島県の沿岸部で、パキスタン人とみられる遺体が見つかった」

すぐさま大使館のスタッフとアヤズの顔を知る茨城県坂東市のモスクの関係者が現地に向かい、遺体がアヤズであることを確認した。

数日後、坂東市のモスクでは「アヤズの死を悼む会」が催された。一〇〇人以上のパキスタン人が集い、祖国から遠く離れた異国の地で命を落とした同胞の死を深く悼んだ。

サマドはその際、パキスタンのテレビ局から葬儀の様子をカメラで撮影し、本国へと送る仕事を請け負った。同胞たちが棺に納められたアヤズの顔を拝み、別れを告げていく。でも、彼はいつも笑っていた親友の顔をどうしても見ることができず、人々が棺の中をのぞき込むシーンだけは撮影することができなかった。

そのとき、サマドは初めて気づいた。「報道」というものは、人に見せたいものを見せる「娯楽」ではない。むしろ人に見せたくないものを撮影し、その事実を伝えるための「装置」なのだ、と。

同胞を失い、悲しみに暮れるパキスタン人たちは、その日のうちに「今、日本のために何ができるだろう」と話し合い、できる限りの救援物資を集めて被災地に送ることを決めた。

パキスタン本国からはすでにたくさんの水や牛乳、ビスケットや毛布、子どもたちのためのノートやクレヨンが送られてきていた。二〇〇五年にパキスタンで地震が起きた際、日本の救援隊が支援にかけつけてくれたことを多くの国民が覚えていたのだ。

東京で暮らしている同胞に呼びかけたところ、一日で一〇〇万円を超える義援金が集まった。サマドをはじめとするパキスタン人たちは本国からの支援物資を四トントラックに積み込んで、福島県や宮城県などの避難所を回った。各地でカレーやケバブを作って被災者に提供し、彼はその映像をパキスタンのテレビ局へと送り、日本へのさらなる支援を呼びかけ続けた。

そんな混乱の日々から一二年。

二つの震災をきっかけに互いに支え合ったパキスタンと日本の姿をこの国で今、覚えている日本人は果たしてどれだけいるだろう？

「日本で暮らしていると、時の流れがちょっと速すぎると思うときがあるんだよ」

サマドはインタビューの冒頭に語った同じ台詞を繰り返した。

「東京の雑踏の中を歩きながら時々こうも思うんだ。アヤズは日本に来ることができて、本当に幸せだったのだろうか、とね」

この国で暮らしている限り、中東や南アジアの出身者への冷酷な眼差しを感じない日はない。それでもその視線を肯定することなく、抗いながらこの国で生きていくことが、次の世代のためにも、そして最終的には日本を良くすることにもつながっていくのではないかと、彼は最近考えるようになったという。

「あの震災で一人のパキスタン人が亡くなった。アヤズの死をこの平和な国で伝え続けていくことも、俺に託された使命の一つかもしれないと思うときがあってさ……」

サマドはそう言うと分厚い手のひらを差し出し、まるで何かの合図のように、私の手のひらを力強く握った。

第五章　美しいひと

15

東北地方の長く厳しい冬が始まろうとしていた。初雪が降るまでにはまだ時間がありそうだったが、空には磨りガラスのような薄い雲が張り詰め、空気にはしっかりと冬の冷たさが紛れ込んでいた。

私は中古のランドクルーザーに乗って岩手県沿岸部を一路南へと向かっていた。

政府が東日本大震災発生一〇年に合わせ、総工費一兆六〇〇〇億円の巨費を投じて完成させた「三陸沿岸道路」（三陸道）。東北の中心都市・仙台と青森県の八戸市をつなぐ三五九キロの「復興道路」の開通によって、それまで約八時間半かかっていた仙台・八戸間の所要時間は約五時間へと短縮され、政府は「物流や観光の活発化で沿岸地域が潤う」とその利益性を強調していたが、もちろん、巨大な開発がもたらしたものはそれだけではなかった。

東京と各地を結ぶ新幹線の開通によって途中区間の地域が一気に衰退したように、三陸道の完成でもまた、沿岸地域の旅館や飲食店などに観光客やトラック運転手が立ち寄らなくなり、周辺地域は徐々に衰弱し始めている。利便性の高い高速道が開通したことで、若者や労働者たちは不便な故郷を離れて主要都市部に移り住むようになり、沿岸地域の人口減少幅は、震災前の二〇〇七年度から二〇〇九年度が一・五パーセントだったのに対し、二〇一九年度から二〇二一年度は二・五パーセントと増え続けている。

被災地ではいつからか、「復興」が「開発」とセットで語られるものになってしまった。

それは誰のためのものなのか。

その答えを誰もが知っていながらも、決して口に出さずにやりすごしてきたことが、東北沿岸部が「被災地」であり続けてきた最大の理由なのかもしれなかった。

私はその日、三陸道を抜けて岩手県沿岸部の最南端にある陸前高田市を目指していた。ある外国人犠牲者の取材に入る前にどうしても訪れておきたい場所があった。

復興支援を続ける岩手大学と立教大学が二〇一七年に開設した「陸前高田グローバルキャンパス」。その施設内にある一室が、津波の犠牲となったアメリカ人青年の愛称にちなんで「モンティ・ホール」と命名されていた。

青年の名はモンゴメリー・ディクソン。米アラスカ州出身の外国語指導助手で、震災当時は二六歳だった。

訪れたグローバルキャンパスは、廃校となった米崎中学校の校舎を利用して造られていた。二階と三階の教室が講義室やワークショップルームなどに改装され、案内してくれた女性職員によると年に数回、復興に携わる市民や研究者らが集まってシンポジウムを開いたり、若手研究者らが数週間滞在しながら震災後の街づくりなどを研究したりする場として使われているらしかった。

施設内を見学しながら、ふと廊下の窓から外へと視線を向けると、津波でほとんど更地になった陸前高田の街並みの一角が見えた。

「ここから旧市民会館があった場所が見えますか？」と私が尋ねると、職員は「どうでしょう？　ちょっと私にはわかりません」と戸惑ったような表情で答えた。

「旧市民会館に行きたいのですか？」

「ええ」

職員はそれ以上、何も聞かなかった。もちろん、彼女はそこで何が起きたかを知っている。

東日本大震災で岩手県内最大の一七〇〇人を超える犠牲者を出した陸前高田市において、旧市民会館は逃げ込んだ一三〇人を超える市民が亡くなった場所として知られていた。そこは当時、災害時の指定避難所でもあった。

一編の新聞記事が脳裏に焼き付いて離れない。震災一ヵ月後の二〇一一年四月一一日に発行された朝日新聞の朝刊で、そこには旧市民会館で生き延びた女子高校生の凄絶な体験がつづられていた。南三陸町で取材中だった当時の私は、その記事を当時避難所になっていた体育館の床に座りながら食い入るように読んだ。

執筆者は編集委員の大久保真紀。私自身もその後、主人公である菅野千裕に面会して直接話を聞いていたが、当時の体験があまりに衝撃的だったため、ここでは掲載記事をそのまま引用したいと思う。


3月11日。県立高田高校1年の菅野千裕《ちひろ》さん（16）は、同じ水泳部員で仲良しの三宮真美さん（16）と、2階にある1年5組の教室で、いつものように昼食を一緒に食べた。

午後から部活だった。「練習きついよねー」「いやだよねー」。けらけら笑いながら、歩いて15分ほどの海辺にある室内プールに向かった。

着替えて、シャワーを浴びていたときだった。下から突き上げられ、激しく横に揺れた。プールサイドに走り、先輩たちと合流した。揺れが収まり、ぬれた水着の上に制服を着た。

プールの職員3人に誘導され、部員9人が車3台に分かれて、指定避難所の市民会館に向かった。「大丈夫だよ」。揺れの大きさにショックを受けて泣き続けていた千裕さんは、真美さんに何度も励まされた。

「津波が来るから、2階に上がって」。市の職員が声を上げた。みんなで2階の和室に駆け上がった。

背負っていた黒いリュックを下ろすと、今度は「ここも危ないから3階へ行って」と指示された。ふと、携帯電話を取り出して、制服の右ポケットに入れた。

階段はすでに人でいっぱいだった。「千裕ちゃん、また、学校で会えるから。大丈夫だから」と言う真美さんと手を握り、階段を上った。3階に着いた瞬間、一気に頭から波にのみ込まれた。自分の左手と真美さんの右手。つないでいた手が、波にもまれているうちに離れた。

2回ぐらい大きく体の方向が変わり、どこかの壁にぶつかった。水の中で背中が床についたのがわかった。体の上に何か大きなものが乗っているのか、もがいても起き上がれない。死ぬかも。手足をばたつかせると、ふっと体が浮いた。

頭が天井についた。隙間はわずか20センチほど。顔を上げて必死に息をした。真っ暗な中で人の声がして、何人かいることがわかった。もう流れはなかった。

静かだった。水に浮きながら、携帯電話が気になった。同級生の彼氏のネームプレートと、一緒に撮ったプリクラがついている。ポケットを探った。あっ、あった。ほっとしたとたん、手が滑って沈んでいった。

暗闇の中、「ドアはどこ?」と声を上げた。「千裕ちゃんもいるの?」。水泳部の1年生マネジャー、ほーちゃんの声だ。声を頼りにほーちゃんと右手をつないだ。見知らぬ女性とも左手をつないだ。

部活動で水に慣れていたからか、水はあまり飲んでいなかった。冷たさもそれほど感じない。15分ほどたったころだろうか。少しずつ水が引いていった。

散乱するがれきの上に足がつき、だれかがドアを開けた。入ってきた光を頼りに落とした携帯電話を見つけ、それから外に出た。

自分たちがいたのは、3階の端にある「倉庫」と書かれた部屋だった。そこにいた11人とほかの小部屋にいた1人の計12人だけが、生きていた。階段や廊下はがれきで埋まっていて身動きがとれない。足元には、遺体が折り重なっていた。

(二〇一一年四月一一日、朝日新聞朝刊社会面)

記事の後段には、市民会館では翌日、[illegible]の男性一人が死亡し、生存者一一人がヘリで救出されたことや、会館にいた市教育委員会職員は全員が行方不明になったことが追記されていた。

そして、その中には当時、外国語指導助手として勤務していたモンゴメリー・ディクソンも含まれていた。

16

岩手県陸前高田市で犠牲になった外国語指導助手モンゴメリー・ディクソンは、同じアメリカ出身のテイラー・アンダーソンほどではないものの、これまでに何度か日本のメディアで取り上げられていた。

彼が勤務していた陸前高田市教育委員会に取材を申し込むと、何人かの関係者を経て最終的には彼が英語を教えていた陸前高田市立米崎小学校の当時の副校長を紹介された。

「副校長は当時、奇跡的な経験をしているから」というのがその理由だった。

震災当時、米崎小学校の副校長だった山口道明は、震災後にいくつかの小学校で校長を務めた後、数年前に定年退職し、取材を申し込んだときには自宅のある盛岡市の教育委員会で非常勤職員として働いていた。おそらく問題を抱えている児童生徒の相談に乗る場所なのだろう、市教育委員会の一角にある人目につかないように区切られた狭い相談室の一室で、山口は私の取材に応じてくれた。少しくたびれたスーツに身を包み、目元に深い微笑みを浮かべて話す彼の姿は、誰もが思い描く小学校の「校長先生」だった。

「モンティ先生のことは今でも時々思い出すんです」

山口はかつての同僚をいかにも懐かしそうに振り返った。

「モンティ先生？」

「そうです」と山口は嬉しそうに微笑んで言った。

「彼は生前、児童や地域の住人たちから『モンティ先生』というニックネームで呼ばれていたんです」

山口が「モンティ先生」と知り合ったのは二〇〇九年、彼が英語を教える外国語指導助手として米崎小学校に配属されてきたときだった。

二人には意外な共通点があった。岩手県の小中学校に勤務する教員は多くが岩手大学の出身者であるのに対し、山口は北海道教育大学函館校の卒業生だった。そして偶然にも、モンゴメリーが来日後、日本語を学んだのも同じ北海道教育大学函館校だったのだ。米崎小学校に着任後、二人はいわば「先輩後輩」の間柄で、日常的に会話を交わすようになった。

「岩手の魚も美味しいですが、北海道の魚介も美味しいですよね」

そう言って互いに笑いあえる関係が、副校長の山口には心地よかった。

モンゴメリーは良い意味で他とは違った外国語指導助手だった。たいていの外国語指導助手は授業が終わるとすぐに職員室に戻ってくる。お昼も職員室で食べる。でも、彼は授業が終わっても、なかなか職員室に帰ってこない。休み時間は子どもたちと校庭で鬼ごっこをしたり、サッカーをしたりしている。給食も児童たちに混じって教室で一緒に食べている。

人間関係を構築するのが上手で、児童や教師たちともすぐに仲良しになる。明るい性格で、日本語もうまい。学校内での生活だけでなく、地域では趣味のお茶会を開いたり、近隣住民たちと一緒に居酒屋に飲みに行ったりもしているようだった。

そんな人なつっこいモンゴメリーの性格は、あるいは彼の生い立ちに起因するものなのかもしれなかった。

彼はアラスカで両親を亡くした孤児でもあったからだ。

「モンティは物静かな、心の優しい学生でした」

彼の出身大学・アラスカ大学アンカレジ校で指導教授を務めた原田宏子は、私のオンラインでの取材に彼の若き日のことを振り返ってくれた。

「彼は小学生の時に父親を、高校生の時に母親を亡くしていて、当時は年の離れた姉や双子の弟と一緒に暮らしていました。ある日、彼が授業のことで研究室に相談に来たことがありました。私が『モンティはこの世で特別な使命があるよ』『お母さんが天から見守っているよ』と話すと、彼は号泣し、私も一緒に泣きました。帰り際、私は『立派な日本語の研究者になるんだよ』と言って彼を部屋から送り出しました。その日以来です、彼が真剣に日本語の学習に取り組むようになったのは……」

原田によると、モンゴメリーは卒業前の授業で新渡戸稲造の「武士道」を研究している。そして自分もいつかは新渡戸のように「太平洋の架け橋になりたい」と卒業後の二〇〇九年、日本の外国青年招致事業「ＪＥＴプログラム」に応募して陸前高田市へと旅立っていた。

原田はアンカレジの空港から彼が日本に旅立つのを見送った。

しばらくすると、原田のもとにモンゴメリーから次のようなメールが送られてきた。

「日本にいる今が、僕の人生で一番幸せです」

17

二〇一一年三月一一日

モンゴメリーにとって、その日は米崎小学校における最後の授業の日だった。午前中に授業を終えていつものように給食を児童と一緒に食べた後、職員室に戻った。
山口は最後の授業を終えた彼に一つお願いしたいことがあった。
大好きな司馬遼太郎が一九八〇年代、日本の行く末を憂いて小学校五・六年生の国語教科書向けに書いた作品『洪庵のたいまつ』。その一節をいつか子どもたちに英語で紹介するため、彼に英訳してもらいたかったのだ。

〈世のためにつくした人の一生ほど、美しいものはない〉

これなんだけれど、と山口が本を開いて差し出すと、モンゴメリーは、いいですよ、と快諾し、近くにあった紙片にサラサラと英訳を書いた。

〈There's nothing as beautiful as dedicating one's life for a cause.〉

なるほど、と山口は英訳された一節を見て感心した。
「日本語をここまで理解して、上手に英語に訳せる。モンティはアメリカ人であるだけでなく、もう立派な日本人でもあるんだな」
山口がお礼を述べると、彼ははにかむような微笑を残し、授業終了の報告をすべく市教育委員会へと戻っていった。

その約一時間後の午後二時四六分、震度六弱の激震が陸前高田市を襲った。

米崎小学校は陸前高田の中心部に建てられている。揺れが収まった後、職員室にいた山口はすぐに児童を校庭に避難させようとしたが、停電で校内放送が使えない。教務主任や用務員にハンドマイクを持って校舎内を回ってもらい、約一七〇人の児童をなんとか校庭へと誘導した。

しばらくすると、近隣住民が地域の避難所になっている学校に続々と集まってきた。教師たちは児童を保護者に引き渡す一方、家が海に近い沿岸部で暮らす児童については、安全を確保するため学校にとどめることにした。

午後三時一〇分ごろ、海沿いから避難してきた人たちから「津波が来るかもしれない」との報告が寄せられ、数分後、市の防災無線が「津波が防波堤を越えました」との警告を発した。

小学校からは海が見えない。ところが次の瞬間、高田松原の方角で、水しぶきのような白い煙がパッと舞い上がるのが見えた。

「津波が来るぞ!」

「高台に逃げろ!」

教師たちは校庭に残っている一〇〇人近くの子どもたちをせき立てるようにして、学校の裏側にあるリンゴ畑の高台へと駆け上った。

「走れ！　全速力で走るんだ！」

児童を追い立てる教師たちの横を軽トラックが猛スピードで追い抜いていく。なんとか高台に到着すると、近くの岩根会館に逃げ込んだ。周囲で家を建築中だった大工から携帯ラジオを借り、みんなで輪になってニュースに耳を傾けたが、聞こえてくるのは「仙台で多くの遺体が見つかった」「福島でも被害が出ている」という情報だけで、陸前高田のニュースはまったくと言っていいほど流れてこなかった。

迎えに来た保護者に児童を引き渡した後、残った児童約三〇人と教師が一緒になって岩根会館で夜を明かした。外に出てみると、南の空が真っ赤に染まっているのが見えた。宮城県気仙沼市で大きな火災が起きているようだった。

翌朝五時、山口が高台を下りて米崎小学校の様子を見に行くと、見慣れた町が変わり果てていた。学校の校舎は辛うじて無事だったが、津波で運ばれてきたヘドロや木材やトラックの荷台などが校門の約一〇メートル近く手前まで押し寄せていた。

それからの数日間は、まるで地獄のような日々だった。

米崎小学校では、先に校庭で保護者に引き渡していた二年生の女児が行方不明になっていた。関係者によると、自宅は無事だったが、引き取りに来た母親と妹の三人で車に乗って市中心部に向かおうとしたところ、津波に巻き込まれたようだった。

両親を失って震災孤児になった児童たちは、やがて遠い親戚に引き取られていった。その度に避難所でお別れ会を開き、「元気出せよ！　頑張るんだぞ！」と小さな背中を見送った。

「教師にとって、子どもを失うことほど、つらいことはありません」

山口は私の取材中、そこで初めて涙を流した。

「あの頃は、そんな悲しみが毎日毎日続いていました。私は学校を預かる副校長として、子どもたちの心が壊れてしまわないか、教師たちの心が壊れてしまわないか、それが心配で、夜もほとんど眠れませんでした」

山口が所属する市教育委員会では、教育長も次長も課長も津波に流されていた。そして当時、同じく市教育委員会にいたとみられるモンゴメリーもまた、行方がわからなくなっていた。

彼が遺体で見つかったのは震災発生から約三週間が過ぎた頃だった。

その知らせを受け取った時、山口は深い悲しみに襲われると同時に、自分自身の代わりに大切な若者の命が失われてしまったという罪悪感のようなものにさいなまれた。

「だって、私は……」と山口は取材中、まるで誰かに謝罪するようにつぶやいた。

「地震発生のほんの一時間前まで、彼といつものように笑いながら話をしていたわけですから……」

米崎小学校は体育館が避難所になったものの、四月には新入生を迎えてなんとか授業を再開することができた。教師たちは泣きながら教壇に立ち、「みんな本当によく頑張ったね。ここから新しい陸前高田を作っていこう」と児童を全力で励ましながら、自分自身を鼓舞してもいた。

山口はそんな教師たちの姿を見て、涙が出るほどうれしかった。教師たちが無理しているのはわかっていた。でも今、大人たちが無理をしなければ、一体誰が子どもたちを守ってあげられるだろう。

小学校に子どもたちのあどけない笑い声が響く。そんな当たり前のことがどれほど素晴らしいことなのか、山口は改めて気づかされた気がした。

そして思った。

「子どもが大好きだったモンティも、こうしてまた授業をやりたかっただろうな」

職員室に戻ると、机の上にはあの日、「後輩」が英訳してくれた紙片が残っていた。

〈There's nothing as beautiful as dedicating one's life for a cause.〉

「あの日、モンティから受け取った紙片はその後、日本を慰問に訪れた彼の実姉に遺品として手渡しました」

山口は取材の最後に私に告げた。

「私はそのコピーを今も大切に保管していて、時々見返しながら彼のことを思い出すんです」

山口は元教員らしく、背筋を伸ばして椅子に座り直すと、天に向かって呼びかけた。

「世のためにつくした人の一生ほど、美しいものはない――モンティ先生、これはあなたのことですよ」

第六章　三人目の祖母、三つ目の国

18

勤務先のある盛岡市に初めて雪が降った日、私は市内の雑居ビルの地下にある中華料理店で在日韓国・朝鮮人の男性と向き合っていた。

「おそらくこの人とこの人は朝鮮半島の出身ですね。うーん、この人はもしかすると中国籍の人かもしれないな……」

酸辣湯麵《スーラータンメン》をすすりながら、男性は私が準備した東日本大震災の犠牲者のリストに目を通し、そこに外国人の犠牲者が含まれていないかどうかの目星をつけていく。

男性自身は韓国籍で六〇代半ば。日本の神戸で生まれたが、両親は共に朝鮮半島の出身であり、氏名を見れば、それが朝鮮半島や中国大陸の出身者かどうか、おおよその推測がつくと私に言った。

「でも、難しいですよね。帰化してしまえば、彼らはもう日本人なので、外国人の犠牲者とは言えないでしょう。そういう意味では、我々はとても曖昧な存在なんです。日本で生まれ育った『日本人』でもあり、外国人でもあるという……」

彼は丸々一時間かけて約一万人を超えるリストに目を通し、四〇人ほどの氏名の上に鉛筆でチェックを入れた。ただ、それらはあくまで彼らが外国籍であるかもしれないという一つの可能性に過ぎず、本当に外国人であるのかどうか、彼らの遺族が現在どこで暮らしているかについては、まるで確証が得られなかった。

津波で亡くなった外国人の取材で最も難航したのは、中国籍や韓国・朝鮮籍の犠牲者に関する調査だった。警察庁への取材では、韓国・朝鮮人の犠牲者は一三人、中国人は一二人であることが判明していたが、実際に取材に乗り出してみると、その犠牲者個人を特定することは極めて困難だった。

震災直後の新聞には身元が判明したすべての人の氏名が掲載されており、その表記から手掛かりを探ろうとするのだが、片仮名で表記されているアメリカ人やカナダ人、フィリピン人やパキスタン人などとは違い、漢字で表記されている彼らはたとえそれが近隣国の出身者であるように読めても、実際に韓国・朝鮮人や中国人であるかどうかの確認が取れない。

新聞には犠牲者の大まかな住所も掲載されていたが、それらは地域を表す大字までで細かい番地までは記載されておらず、実際にその地域に足を運んでみても、多くの家々が津波で流されてしまっており、近隣住民に聞き込みを行うことさえできなかった。たとえ家が数軒残っている地域であっても、東北大で講師を務める李善姫がかつて指摘していたように、東北沿岸部の韓国・朝鮮人や中国人たちの多くは通常日本名を使って地域に溶け込むようにして暮らしている。近隣住民に彼らの本名を尋ねてみても、「知らない」と首を振られることがほとんどだった。東北地方にある国際交流協会や韓国人団体、日中友好協会に取材を申し入れても、彼らは外国人犠牲者の存在を知らないか、個人情報の保護を理由に取材への協力を拒まれた。

地域によっては、あまり歓迎されない取材でもあった。

私はある時期、沿岸地域に建てられている震災慰霊碑をめぐり、石碑に刻まれている名前の中から外国人犠牲者を探ろうとしたことがあった。

ある日、川沿いの港町で二人の中国人犠牲者の名前が刻まれた慰霊碑を見つけた。

顧有才（中国人）

朱燦鋒（中国人）

石碑には犠牲者の名前だけでなく、国籍までもが丁寧に丸括弧で刻まれていた。

当時の新聞を調べてみると、顧はまだ二四歳、朱も二八歳だった。二人は同じ住所で掲載されており、その住所と年齢から共に中国から来た漁業の技能実習生であるように思われた。

私はその港町に数泊し、周辺の漁協や漁師を取材して回った。最初に漁協に電話を入れると、若い女性職員はなぜか激高し、「震災当時のことを知っている人は誰もいませんっ！」と一方的に電話を切られた。

午後、港近くで漁師たちに取材をしていると、漁協に続く道の向こう側から若い漁師が一人やって来て、挨拶もなしにすごまれた。

「おめえ、ここで何やってんだよ！」

私が取材の趣旨を説明しても、若い漁師は頑として聞き入れようとはしなかった。

「一〇年以上も前のことをほじくり返して、なんか面白れえのかよ。こっちはこっちで、仲間がたくさん死んでんだよ！」

彼はこちらをにらみつけたまま、港へと続く道を体で塞いで動かないため、私は頭を下げてその場を立ち去るしか方法がなかった。

翌朝、別のルートで港の作業場に出向き、二人の実習生が勤務していたとみられる企業の責任者に取材を申し入れた。取材者の突然の訪問に責任者は困惑の表情を浮かべ、「昼までは忙しい。昼休みならなんとかなるかもしれない」と言ってその場を去った。

私が港の端に車を停めて待っていると、昼前、責任者は軽トラックに乗ってやって来て、運転席でハンドルを握ったまま——いつでも発車できる状態で——私との短いやりとりに応じた。

「彼らは確かにうちの実習生でした。でも、私も親族が亡くなっているんです。申し訳ありませんが、取材はお受けすることができません……」

責任者は紳士的で、誠実そうにも見えた。彼は実習生が亡くなったことに対してある種の引け目のようなものを感じているのかもしれなかった。

「雇用者側の責任を追及するものではありません。亡くなった実習生の方がどのような方で、どのようにして亡くなったのかを伺いたいだけなのですが……」

私はそう言って食い下がったが、彼は首を横に激しく振って軽トラックのアクセルを踏み込んだ。

彼は私が差し出した名刺さえも受け取らなかった。

難航が予想された中国籍や韓国・朝鮮籍の犠牲者の取材だったが、唯一、調査の糸口が見つかりそうな自治体があった。

宮城県女川町である。

私が被災沿岸部の全市町村に行った外国人犠牲者の詳細を問う電話取材に、女川町の担当者は「町内における外国人犠牲者は全部で九人、国籍は不明です」と回答していた。九人という犠牲者数は警察庁が把握する三三人という外国人犠牲者全体の四分の一以上に相当し、おそらく最も多くの外国人が犠牲になった自治体に違いなかった。

私はまずは女川町で重点的に中国籍や韓国・朝鮮籍の犠牲者の取材を続けてみようと考え、ある日中友好団体に女川で暮らす中国人女性を何人か紹介してもらってから、現地の民宿を数泊分予約した。

女川町は震災後、「街づくり」において最も成功した自治体として知られていた。

その評価は、町の中心部にあるJR女川駅前に立つとすぐに実感できる。JR女川駅からまっすぐ港へと向かうレンガ道。両脇には復興計画によって新設されたオシャレな店舗が立ち並び、新鮮な海鮮丼などを求めて観光客らが詰めかけている。

道の先に広がるのはカモメが飛び交う蒼い海。そう、この街には他の被災地の町とは違い、海と街を遮る高い防潮堤が存在しないのだ。

震災後、被災自治体の多くがその長い海岸線を高いコンクリートの壁で固め、美しい海や砂浜から町を遮断したのとは対照的に、女川町民は断じてそれらを選ばなかった。

なぜか。

この街であまりにも多くの人が津波で亡くなったからである。

女川町の犠牲者数は人口の一割に近い八二七人。多くの犠牲を払った町民は震災後、再び同じ過ちを犯さないためにはどのように街を造り直せば良いか、議論を重ねた。

津波の発生前、ある地域ではすでに湾内の水が引くなど津波の兆候が見られていた。しかし、高い防潮堤が邪魔して海の様子がわからず、多くの人々が逃げ遅れてしまっていた。どんなに防災無線で避難を呼びかけ続けても、人々は商店の前で立ち話をし、大津波が押し寄せてきている段階になっても、海側に向かって走る車さえ見られた。高い防潮堤で海が見えなくなると、人は危険を察知できずに逃げ遅れてしまうのである。

それらの教訓を未来へと生かすため、女川町は壁ではなく、町内に緩やかな斜面を築いて、その高度差によって市民の命を津波から守る「海が見える町」を築いたのだ。

ＪＲ女川駅から港へと延びるそのレンガ道は、元日の朝、海から立ち上る初日の出を街の中心部から何にも遮られることなく拝めるように敷設されている。

ある知人は教えてくれた。

「この道は女川を復興へと導く『光の道』でもあるのです」と。

日中友好団体が紹介してくれた中国人女性の一人は、女川の復興商店街の一角にある中華料理店で働いていた。日本語が上手で明るい性格の女性だったが、話を聞くと残念ながら、彼女は津波で亡くなった九人の外国人犠牲者の情報については何も知り得ていなかった。

一方で、彼女は雑談の中である事実を誇らしげに語った。

「私、震災の時にはあの佐藤水産で働いていたのよ」

彼女が女川の水産会社名に「あの」という連体詞をつけたのは、佐藤水産が震災直後、「幹部が自らの命を犠牲にして中国の技能実習生二〇人の命を救った」と報じられ、日中両国から大きな称賛を集めた全国的にも著名な水産会社だったからである。

日本中国友好協会宮城県連合会泉支部が編集した藤村三郎著『なぜ一六二人全員が助かったか　大震災時女川町で津波に遭遇した中国人実習生』（社会評論社）などによると、中国・大連から来日していた中国人実習生二〇人は大津波警報が出された直後、裏山の小さな神社に通じる石段の登り口に避難し、固まって震えていた。

そこに佐藤水産の専務が駆けつけ、「ここじゃダメだ、上の神社に行け」と自らが先頭に立って実習生を高台へと誘導し始めた。専務は神社の鍵を開けて「寒い人はここに入っていいから」と促すと、自分は工場に人が残っていないかどうかを確認するため、階段の下へと降りていった。直後、津波が押し寄せ、渦巻く濁流の中で専務が工場の屋根にしがみついているのを実習生たちが目撃している。

専務の兄である佐藤水産の社長は翌日、実習生たちを避難場所である女川町総合体育館へと送り届け、女川町内にいた一六二人の中国人実習生たちは数日間、地元の町民たちと一緒に避難生活を送った後、三月一七日から二日間かけて全員が新潟空港から中国へと帰国した。

専務は四月一〇日に遺体で発見された。五五歳。実習生の一人が震災時の様子をビデオカメラで撮影しており、帰国後、その映像が中国国内のニュースで大きく報じられたことから、専務の勇気ある行動が共感を呼び、女川町にはその後、中国から多くの支援が寄せられた……。

「専務の勇気ある行動で、多くの中国人実習生の命が救われたんだわ」

女川の中華料理店で取材に応じた中国人女性は興奮気味に私に語った。

「今でも当時の実習生とはつながっているけれど、彼女たちも心から専務の行動や日本人の中国人を思う気持ちに感謝しているし、日本と中国の友好もさらに深まったと思う」

一方で、彼女は同じ女川町で亡くなった中国人や韓国・朝鮮人の犠牲者については具体的には知り得ておらず、あまり関心も抱いていないようだった。

「私はここで長く暮らしているけれど、津波で亡くなった中国人や韓国人の話はあまり聞かない。女川在住の私でさえ知らないのであれば、きっと、その人たちにもあまり知られたくない理由や事情があったのだと思う……」

彼女の口調には、何か言いたそうな、それでも口にできないような、ある種の「事情」のようなものが含まれていた。

20

私はその後も女川町の民宿に滞在しながら、津波で亡くなった九人の外国人犠牲者についての調査を続けた。滞在して数日が経ったある日、夕食に訪れたある飲食店の大将が不意にこんな話を口にした。

「もしかしたら、あの人の関係じゃないかな?」と大将は言った。「ほら、いたでしょ? 従軍慰安婦の……」

「ああ……」と私は声を漏らし、自分が肝心なことを失念していたことに気づいた。

「宋《ソン》さん？」

「確かそんな名前だったかな」と大将はなぜか声を潜めるように言った。「その関係者が亡くなったっていう可能性もあるんじゃないかな？　俺にはよくわからないけれど……」


私はその女性をよく知っていた。

宋神道《ソンシンド》。

韓国籍の在日韓国・朝鮮人で、かつて従軍慰安婦だったことを名乗り出て、日本政府を相手に裁判を起こした女性だった。朝鮮・忠清南道の出身で、確定判決などによると、朝鮮人女性に「戦地で働けばお金がもうかる」と言われて一六歳で中国の慰安所に連れて行かれた後、七年間、兵士の相手をさせられていた。一九九三年に謝罪と賠償を求めて提訴し、二〇〇〇年、東京高裁は国際法上の国家責任を認めたものの、宋個人の賠償請求権は否定。二〇〇三年に最高裁で敗訴が確定していた。

宋は戦後長らく女川で暮らしていた。

私はある時期、女川町に通って宋を取材した経験があった。新聞記者になって二年目の駆け出しの頃で、当時司法記者だった私は二〇〇〇年秋に宋への高裁判決が出たのを受け、次の最高裁判決に向けた準備のために彼女の自宅を訪れた。

宋は当時、女川の自宅で「マリコ」という名の犬と一緒に暮らしていた。

計七回に及んだ取材で、宋はまだ職業記者としては半人前だった私に強烈な印象を残した。証言の途中まで優しかった人格が激変し、急に悪態をついたり、大声で怒鳴ったり泣いたりする。それが何かの感情の裏返しなのか、過去の悲惨な体験がそうさせるのかはわからなかったが、その一方で、取材が終わって別れを告げるときには必ず、「また来いよ、待ってるからな」と瞳をうるませながら私の手を握った。

宋が当時私に語った証言によると、彼女が日本の敗戦を知ったのは中国・咸寧だった。直後、元兵士に「一緒に日本に帰ろう」と結婚を申し込まれたが、一九四六年に引き揚げ船が博多に着いた途端、元兵士は「結婚する気などない。アメリカ人の兵隊でも相手にしていろ」と言って彼女のもとを立ち去ってしまう。引き揚げのために夫婦を装っただけだった。

彼女は大阪の長靴工場で働いた後、元兵士の実家がある埼玉県へと向かったが、逆に元兵士から「まだ日本にいたのか」と石を投げつけられてしまう。東北線に乗り、宮城県の石越付近で列車から飛び降り自殺を図ったが、死にきれず、気が付くと朝鮮人農家の納屋にいた。農家に「朝鮮のおなごがどうしてこんな姿に」と理由を尋ねられても、何も答えられなかった。その後、農家の仲介で労働者に宿の手配などをしていた朝鮮人男性を紹介してもらうと、男性は泣いてばかりいる彼女の頭のシラミを一匹ずつ取り除き、温泉に連れて行って皮膚病を治してくれた。

「やっとやさしい気持ちの人に出会えた」と彼女はその朝鮮人男性と約四〇年間、道路に敷く枯れ木をとったり、子守を引き受けたりして働いた。その男性とは一度も性交渉を持てず、慰安所の話も打ち明けられなかったが、やがてその男性を「父ちゃん」と呼べるようにまでなった……。

私が取材で訪れたころには「父ちゃん」はすでに亡くなり、彼女は月七万円の生活保護を受けて細々と暮らしていた。「七万円のうち二万円が父ちゃんの仏壇に供える花代に消えるんだ」と彼女はふてくされながら私に言った。

そんな宋も二〇一一年三月、東日本大震災に被災し、津波で自宅を失っていた。

実は震災直後、私は宋から携帯電話に直接連絡をもらったことがあった。正確に言うと、沿岸部の取材に入っていたある女性記者がどこかで宋と遭遇したらしく、宋が私の名前を覚えていて、女性記者の携帯電話を使って(宋が女性記者に私に電話を掛けてほしいと頼んだらしい)私に電話を掛けてきたのである。

宋は通話の中で「どこか住める場所を与えて欲しい」と私に住居の確保を求めたが、私もそのときはまだ被災地近くの公園にテントを張って取材を続けているような状態だったため、彼女の要望をかなえることができなかった。

宋との連絡はそれ以来、途絶えてしまっていた。彼女はその後、東京に移り、脳梗塞や認知症を患った後、施設に移って老衰で死去した。九五歳だった。

宋の訃報を聞いたとき、私は、人生とはこれほどまでにも過酷なものなのか、と胸が締めつけられるような思いがした。

慰安婦という地獄のような経験をさせられ、激動の戦後を必死に生き抜き、戦後最大の津波災害に襲われて、長年住み慣れた東北の町をも離れた。人の何千倍、何万倍もの苦役のなかで、彼女が見つめた「日本」とは一体いかなる国だったか——。

私は女川町の飲食店でコップ酒を飲みながら、この震災で亡くなった外国人たちが背負っている過去の複雑さに苦悩した。

その後も女川町での聞き取りを続けたが、犠牲になった外国籍の人々と、かつてそこで暮らした宋とのつながりについては、具体的にはわからなかった。

21

宮城県女川町から仙台湾を挟んで南西に約五〇キロ。樹齢三〇〇年を超える大銀杏が見下ろす宮城県岩沼市の長谷釜地区にその慰霊碑は建っていた。

千年希望の丘・長谷釜公園。

東日本大震災の津波で壊滅し、現在は復興祈念公園になっているこの地区にはかつて八二世帯二七四人が暮らしていた。

大銀杏の脇に立つ神社の境内に設置された慰霊碑には、刻まれた三七の名前の中に一つだけ、外国人のものと読めるものがあった。

白賢淑、享年八六

白の親族は間もなく見つかった。慰霊碑が完成した二〇一六年当時、除幕式を取材した同僚記者が偶然、白の親族を取材し、その連絡先をメモに残していたのだ。同僚記者は原稿には盛り込まなかったものの、「白は韓国人だった」という情報を聞き込んでいた。

同僚記者が当時取材した白の孫にあたるという高橋洋行に連絡を入れると、彼は祖母に関する驚くべき歴史を携帯電話越しに教えてくれた。

「ちょっと複雑なのですが……、白婆ちゃんは私の三人目の祖母なんです」

「三人目の祖母？」

高橋が語る「三人目の祖母」というのは、つまり次のような意味らしかった。

白は朝鮮半島で生まれ、日本の敗戦後、ソウル近郊で夫と長女、次女、長男の一家五人で暮らしていた。

ところが一九五〇年に朝鮮戦争が勃発すると、白と長女は北へ、夫と次女、長男は南へと逃れ、一家は分断されてしまったというのである。

その後、夫は次女と長男を連れて日本へと渡り、日本人女性と再婚。東京・三軒茶屋で料理店を成功させると、仙台・国分町へと移った。次女はその後、「愛《あい》」と名乗って日本国籍を取得し、仙台で建築士をしていた日本人男性の高橋清と結婚して男一人・女二人の三人の子どもを産み育てた。

その一人が携帯電話の先で取材に応じている長男の高橋洋行で、彼にとって白は母方の祖母にあたるらしかった。

家族の形が大きく変わったのは震災の約一〇年前。長男の高橋洋行と次女の千佳が就職で上京したのを機に、釣りが好きだった建築士の父・清が「海の近くで暮らしたい」と言い出し、妻の愛と長女の恵美を連れて岩沼市の長谷釜地区に移り住んだ。

その際、韓国にいた白を実の娘である愛が日本に呼び寄せたというのである。白はその時、北朝鮮から韓国に戻ってきていたが、ある宗教団体への多額献金事件に巻き込まれ、破産状態に陥っていた。

それが高橋にとっての「三人目の祖母」の来日だった。

「白婆ちゃんは日本語を片言程度にしか話せなかったのですが、それでも地域の住民とあいさつを交わし、犬の散歩などをしながら余生を過ごしていました」

高橋によると、来日した白は長谷釜地区の自宅で、高橋の両親と姉の計四人で暮らしていたらしかった。

そこで、私は震災取材において最も尋ねにくい質問をしなければならなかった。

「大変心苦しいのですが、ご実家では何人の方が津波でお亡くなりになられたのでしょうか?」

「全員です」

「全員?」

私が驚いて聞き返すと、高橋は少し早口になって言った。

「はい、四人全員が津波で亡くなりました」

22

白賢淑の孫である高橋洋行は東京都日野市で暮らしていた。

私は何度かスマートフォンで連絡を取り合った後、彼の自宅に近いJR立川駅周辺で面会し、さらに詳しく話を聞かせてもらうことにした。

取材の当日、彼は待ち合わせ場所のJR立川駅に一人娘の愛和を連れてきたため、我々は駅ビル内のレストランに入り、娘の愛和を同席させた上でインタビューを実施することにした。高橋は「後で買い物もあるから」と口にしていたが、複雑なファミリーヒストリーを娘にも知っておいてほしいという親心のようなものもそこには含まれているようだった。

高橋は注文したドリンクが運ばれてくるまでの間、先日私が電話で聞いたものと同一の、両親からこれまで聞かされてきたという彼の親類関係や白が来日した経緯について娘の前で披露した後、何かを思い出したように、震災当日に自らが見聞きした体験談について語り始めた。

「あの日は震災後、ちょうど勤務先の新宿で電車が動かなくなっちゃったんで、新宿から調布まで歩いて保育園に預けていた愛和を迎えに行ったんです。他の帰宅困難者と一緒に必死に歩きながら、でも一方で、宮城で暮らす両親や姉のことがずっと気になっていました。実家は海から数百メートルも離れていないし、両親や姉の携帯電話を鳴らしても、全然つながらないし」

彼は正面に座る私と隣に座る娘とを交互に見ながら話を進めた。

「愛和を保育園で引き取って自宅に戻ると、テレビのニュースが大津波の被害を伝えていました。ちょうど真っ黒な波が広大な畑やその間を走る車をものすごい勢いでのみ込んでいく映像でした。画面上に表示されている地名で、それが実家のある岩沼市に近い名取市閖上を上空から撮影した映像だとわかりました。『どうか、生きていてくれ』と祈りましたが、電話もつながらないし、どうしようもありません」

私が頷くと、彼は横目でちらりと娘の表情を確認した。

「家族について連絡が入ったのはその一週間後でした。宮城県警の岩沼署から携帯電話に連絡が入ったんです。『車の中で二人の女性の遺体が見つかりました。車検証からお母さまとお姉さまとみられます』という連絡でした。『ああ、やっぱりダメだったんだ』と思いました。岩沼市の体育館に駆けつけると、母の愛と姉の恵美の遺体がブルーシートの上に寝かされていました。その先のことは……正直、あまりよく覚えていないんです。ただ、悲しいとか、悔しいとかいう言葉では表現できないような感情が胸の中にぐるぐると渦巻いてしまって……」

彼はわずかに涙声になって話を続けた。

「数日後、父・清の遺体が見つかり、その約一週間後に白婆ちゃんの遺体が見つかりました。一家四人全滅。でもうちの場合、それだけじゃなかったんです」

隣で話を聞いていた娘の愛和が一瞬、身を固くするのがわかった。

「実は父の清は児童七四人が死亡・行方不明になった宮城県石巻市の大川小学校の地権者だったんです。学校周辺には父の親戚もたくさん住んでいて、大川小学校に通っている姪もいて。だから結局、私の親族は岩沼の実家を含めると二十数人が亡くなってしまって……」

高橋の隣で娘の愛和が注文したクリームソーダを黙々と食べ続けていた。

事前の取材では、父娘は理由があって現在二人暮らしだと聞かされていた。私は目の前の少女がこれから一人でこの凄絶なファミリーヒストリーを背負っていかなければならないのかと思うと、彼女が少し不憫に思えた。自らにつながる歴史を知ることは、未来を生きるために不可欠なことだとしても、それらを正しく受け止めるためには相応の経験と教養が必要だ。彼女の年齢でそれが備わっているのかどうかについては、第三者の私には判断がつかなかった。

「白さんは生前、どのような性格だったのでしょうか？」

私は少女の負担を少しでも軽減できたらと、質問を白のかつての日常にまつわるものへと変えた。

「どんな性格と言われても」

「たとえば口癖とか？」

「口癖ですか……」と彼は突然の質問にちょっと困ったような表情を浮かべた。

「ああ、そうそう。白婆ちゃんは豪気でちょっとおっかない性格だったんですが、自分の力ではどうにもならないことに直面すると、日本語であきらめたように『仕方ないねえ』と言うのが口癖でした」

「仕方ないねえ、ですか……」

「そう、仕方ないねえ、でした」と彼は祖母の生前の姿を思い出したのか、少し嬉しそうな表情を浮かべた。「日本が戦争に負けたり、朝鮮戦争で家族がバラバラになったりして、壮絶な人生を歩んできたからかもしれないですね。だからあの日も、遺体安置所で白婆ちゃんの遺体が並べられているのを見たとき、白婆ちゃんがまるで『仕方がないねえ、洋行。仕方がないよ』と言っているように思えて……」

高橋の話を聞きながら、私はそのときふと、やはり戦前の朝鮮半島で生まれ、凄絶な経験を経てこの日本に流れ着いた宋神道のことを思い出していた。最高裁まで闘いながら必死に魂の救済を訴えた宋と、やはり時代の激流に翻弄され、「仕方がないねえ」とつぶやきながら北と南を行き来し、日本で津波にのみ込まれた白と。

二人の女性が晩年胸に秘めていた日本の風景は、果たして美しいものだったろうか――。

「そういえば、白婆ちゃんの死についてはちょっと心残りなことがあるんです」

高橋はレストランの出口で会計を済ませた後、その場に立ち尽くして言った。

「実は朝鮮戦争でバラバラになった白婆ちゃんの長女は今でも、北朝鮮にいる可能性があるんです。彼女はおそらく、自分の身内である白婆ちゃんや実妹の愛が津波で亡くなったことを知らない。いつか伝えたい、伝えなきゃと思っているんですけれど、私には実際、どうにもならないことで……」

父親が腕組みしながらため息をつくその横で、娘の愛和が複雑な表情でうつむいていた。

第七章　それでも神父は教会に戻った

23

穏やかに晴れ上がった一二月の日曜日の朝、福島市のカトリック松木町教会では信者ら約一〇〇人が集まり、厳かにミサが開かれていた。

ＪＲ福島駅から徒歩で約二〇分。教会自体は福島市の中心市街地の一角に建てられていたが、すぐ後ろには福島市のシンボルである信夫山があるため、周囲には絶えず鳥のさえずりが響き、その中で時折、生後数カ月とおぼしき赤ちゃんの泣き声がこだましていた。

聖書の一節を復唱していた信者たちは、泣き声が上がる度に一瞬発声をとめ、お互いに見つめ合って小さく微笑んだ。朝の日差しが差し込む教会に響き渡る赤ちゃんの泣き声は、どんな聖人が歌い上げる聖歌よりも透明で、神聖であるようにも思われた。

そんな信者たちの小さなざわめきを打ち消すように、壇上に立つカナダ出身の神父、エメ・ボルデュックは短く咳払いをし、聖書の朗読を続けた。

日本に来て約半世紀。気がつくと、もう八〇歳になっている。

自分はあと何年神父を続けられるだろう？　教会のミサに出席するたびに、老いを受け入れようとする肉体と、いや、まだやれるはずだ、という意識とが交錯する。

その度に胸の内側から、聞き慣れた親友の声が語りかけてくる。

「それは貴方が決めるのではない。時は神が教えてくれるのだ」

カナダ出身の神父アンドレ・ラシャペル。享年七六。

宮城県塩釜市のカトリック塩釜教会に勤務していたラシャペルは、警察庁が把握している津波で亡くなった外国人の一人だった。

しかし、実際に取材を始めてみると、彼が亡くなった背景にはいささか不可解な点が含まれていることがわかった。死亡推定時刻が津波が発生した二〇一一年三月一一日ではなく、翌日の三月一二日であり、遺体の発見場所も津波の被害を受けていない地域だったからである。

カナダ人神父の身にあの日、何が起きていたのか――。

教会関係者を回ってラシャペルについての証言を求めると、多くの人が震災前後に仙台市内の教会に勤務し、今は福島市内の教会に異動しているエメの名前を挙げた。

彼らは皆、口をそろえた。「エメ神父に直接取材した方がいい。彼以上にラシャペル神父を知る人はいないから」と。

私が電話で取材を申し込むと、エメはなぜか嬉しそうに電話口で笑い、たどたどしい日本語でこう言った。

「よろしいですよ。あなたに私を紹介した教会関係者の判断はとても正しい。私はラシャペルのことを、彼の家族よりよく知っているから」

そして、待ちきれないようにこう続けた。

「福島にはいつごろいらっしゃいますか？　私、ラシャペルについて話したいこと、たくさんあります！」

ミサの終了後、教会の礼拝堂で面会した八〇歳のエメは、聖職者という厳かなイメージとは少し異なる、ジョークが大好きでフレンドリーな性格の神父だった。

私は学生時代に世界中を放浪したとき、カナダ西海岸にある山奥のキャンプ場で数カ月間住み込みのアルバイトをしたことがあったが、そこで出会ったカナダ人の多くが彼のような性格の持ち主だったことを思い出した。みんなジョークが大好きで、性格がとかくおおらかなのだ。ワイルドで陽気な雰囲気を好む一方、誰かが人種や性別で他人を差別するような発言をすると、その場で殴り合いになるような正義感の強い人が多かった。

「これまでに様々な国を旅してきましたが、カナダほど雄大で美しい自然を持った国を私は知りません」

私が挨拶代わりにそう言うと、エメは「そうでしょう、そうでしょう」と心から嬉しそうに差し出した右手を両手で握った。

「日本の自然も繊細で美しいけれど、雄大さという面で言えば、やはりカナダの大自然には勝てません。だって、アメリカ人に『アメリカで一番美しい自然はどこですか？』と尋ねると、『(カナダ領域の)ロッキー山脈の北の方』って答えるくらいですから」

彼は自分のジョークに大爆笑すると、しばらく楽しそうに世間話を続けた。随分と話し好きの性格らしく、その内容からは彼が祖国カナダやそこで暮らす人々をこよなく愛している気持ちが伝わってきた。

「カナダ人のラシャペルさんも、やはりエメさんみたいに明るい性格の人だったのでしょうか？」

私が尋ねると、エメは顔をしかめるような仕草をして言った。

「ノー、ノー。彼はもう全然違うね。真面目も真面目、大真面目。私、今でも彼がカナダ人だったとは思えないね。いつも難しそうな顔をして、日本語の分厚い本なんかを小脇に抱えていたりして。私とは性格が正反対！」

彼はそこで再び爆笑し、次の瞬間、わずかに寂しそうな表情を浮かべた。

24

エメがラシャペルと最初に出会ったのは一九六〇年代後半、彼がまだモントリオールの大学で宗教学を学んでいた頃だった。

宣教師としてすでに一九六一年に来日していたラシャペルはカナダに一時帰国した際、まだ赴任国が決まっていなかったエメに日本の印象を次のように伝えた。

「とても良い国です。まじめで勤勉な人々と私は暮らしています」

エメが来日したのは一九七〇年の夏。東京は「気温が暑く、政治的にも熱い時期だった」（本人談）。降り立った羽田空港では学生たちがヘルメットをかぶってデモ行進をしており、一一月には作家の三島由紀夫が割腹自殺をして世の中を騒がせていた。

宣教師たちは来日後、まずは東京で二年間、日本語を習得することになっていた。エメは教会が世田谷で借りていた民家で、先に来日していた先輩神父ら八人と共同生活を送ることになった。

その先輩神父の一人が同じカナダ出身のラシャペルだった。読書家でいつも小脇に本を抱え、日本について勉強していた。当時、上智大でフランス語を教えていたこともあり、夏の暑い日もスーツとネクタイ姿で授業に出掛けて行った。エメとラシャペルは性格が正反対だったが、なぜかとても気が合った。二人ともスポーツが得意で、冬になると誘い合って長野の山にスキーに出掛けた。

東京での研修を終えた後、エメが最初に配属されたのは青森県八戸市の教会だった。赴任直後、彼は大きなショックを受けた。あれほど日本語を勉強したはずなのに、地域で暮らす人々の言葉がわからない。

「焦らなくていい。まずは人々とゆっくり歩むことだよ」

エメの相談にラシャペルはそう優しく声を掛けてくれた。

八戸市で約二年間働いた後、エメはカナダでの勤務を挟んで再び来日し、約一二年間、弘前市の福祉施設に勤めた。その間、ラシャペルは一九九〇年代に宮城県塩釜市の教会に赴任し、仙台市の私立高校で宗教学を教えたり、宗教の違いを超えて仏教の僧侶らと一緒に刑務所で受刑者に向き合う教誨師の仕事をしたりしていた。

その後、エメが仙台市内の教会に転属になると、二人は同じ宮城県内に勤務する神父として、昔のように誘い合って食事に行ったり、スキーを担いで蔵王に出掛けたりするようになった。

カナダに生まれ、日本で暮らして半世紀以上。どんなに年齢を重ねても、ラシャペルの生真面目さは変わらなかった。塩釜教会に併設されている幼稚園に勤務し、自らもカトリック教徒である佐藤香は、ラシャペルの生真面目さを次のように振り返っている。

「『私は面倒くさいという言葉を知らないのです』というのが、ラシャペル神父の口癖でした。何事もおろそかにしない性格で、園児たちにもよく英語を教えてくれました。『みなさん、英語を一生懸命、勉強してくださいね。そうすれば、世界中の人たちとお話をすることができますよ』と。私たち信者にも、いつも優しい笑顔を振りまいていただきました」


二〇一一年三月一一日、午後二時四六分。

大地が裂けるように揺れたとき、ラシャペルとエメは偶然、仙台市の教会で同じ会議に出席していた。

直後、ラシャペルはエメに訴えた。

「みんな、不安を感じていると思う。私は塩釜に帰りたい」

そんな親友をエメは制した。

「大きな余震が続いている。車での移動は危険だ。特に沿岸部には津波が襲ってくるかもしれない」

普段は冷静なはずのラシャペルが、そのときだけは恐怖で顔を引きつらせているように見えた。エメにとって初めて見る親友の表情だった。

エメがどんなに説得しても、ラシャペルは聞かない。

「私は行くよ」「行かせてほしい」

その瞳の強さに最後には折れるしかなかった。

「そうですか……。それではどうか、お気をつけて」

異国の地で長年支え合って生きてきた二人の、それが最後の会話になった。

25

エメが勤務する仙台市の教会の電話が鳴ったのは翌日の三月一二日深夜だった。

受話器を上げると、カナダの教会幹部からの国際電話だった。

「ラシャペル神父の遺体が塩釜教会近くの路上で発見されたらしい。明日、遺体安置所で確認してきてもらえないだろうか」

「遺体……ですか？」

エメは一瞬、相手が何を言っているのかわからなかった。

震災発生時、自分は確かにラシャペルと一緒にいた。彼は地震の被害に遭っていないし、おそらく津波にのみ込まれてもいない。

それなのになぜ彼は遺体で見つかったのか……？

翌朝、宮城県利府町内に設置された遺体安置所に赴くと、警察官に「Ｃ10」という紙が貼られた遺体収容袋の前に案内された。

警察官がファスナーを引き下げると、親友の穏やかな顔が現れた。

「ラシャペルよ、どうして……」

警察官や塩釜教会の関係者の話を総合すると、ラシャペルは仙台市の教会でエメと別れた後、その言葉通りに勤務先の塩釜教会へ車で向かった。しかし、津波で幹線道路が寸断されたため、教会の手前で車が動かなくなったらしい。彼はそのまま車中で一晩明かし、翌一二日の早朝、車を降りて一人、塩釜教会の方向に歩いていくのを、近くの住民が目撃している。その途中の路上で心臓発作を起こしたようだった。

当時、彼は日本での滞在期間の延長を申請しており、スーツの胸ポケットにはいくつかの申請書類とパスポートが入っていた。それらを見つけた警察官がカナダ大使館に通報し、その後、カナダの教会本部からエメの教会へと連絡が入ったらしかった。

「正確な定義に照らせば、ラシャペルの死は津波が直接的な原因であるとは言えないのかもしれません」

十字架が掲げられた礼拝堂で、エメは私に向き合って言った。

「でも、客観的に見ても、震災が彼の死の引き金になったことは事実です。あの日、大震災が起きなかったら、彼はそのまま仙台にいたでしょうし、津波で道路が寸断されていなければ、狭くて寒い車の中で一晩を明かすこともなかったでしょう。ラジオで沿岸地域が壊滅したと聞く度に、彼も恐怖を感じていたでしょうし、何より寒さの中で震える信者たちが心配だったに違いありません。その複合的な負の要素に彼の心臓は耐えられなかったのでしょう」

　エメの話を聞きながら、私は、なぜラシャペルは津波の及ぶ恐れのある塩釜の教会へと戻ったのだろうと考えていた。

　日本で半世紀以上暮らしていた彼はおそらく、巨大地震の後に海沿いに戻れば、津波に巻き込まれる危険性があることを理解していたはずだった。

　それなのになぜ、彼は戻ったのか——。

　東日本大震災の取材を続けていると、震災発生直後は安全な場所に避難していた人物がその後、身内を助けに自宅に戻ったり、貴重品や携帯電話を取りに職場に向かったりして、命を落としている事例があまりにも多いことに驚かされる。

　我が子はもちろん、両親や親類が自宅に残っていると知らされたとき、人はたとえ自分の身が危険にさらされることがわかっていても、津波が及ぶ場所へと戻ってしまう。

その本能的な行動を戒めるために、東北地方の沿岸部では古くから「てんでんこ」の教訓が引き継がれてきた。

〈大地震が起きたら、津波が来る前に「てんでんこ」（ばらばらになって）で逃げろ〉

それは一般的な日本人が考えているような温かみのある教えではない。

ある古老は言った。

「それはつまり〈家〉を残すための教えなのだよ」

〈家〉とは住居を意味しない。それは〈家督〉のことであり、言い換えれば〈血〉という意味である。

津波が起きたとき、家族が一丸となって逃げれば、一家全滅の恐れがある。だから、バラバラになって逃げる。誰かは死ぬが、誰かは助かる。

「そうすれば、〈家〉は残るじゃろ」

つまり確率論なのだ。最良と思える避難地に家族全員で向かうのではなく、家督や血を確実に後世へと残すため、ある程度の犠牲を引き受けた上で、愛すべき子どもや親をあえてバラバラに避難させる。

それほどこの地方における津波は圧倒的であり、壊滅的でもあったのだ。

そんな冷酷な教訓が古から引き継がれ、幼い頃から身についているはずの地域であっても、人はやはり戻ってしまう。

愛する人を守るために。あるいは、愛する人を見殺しにしようとしている自分自身を直視できないために。

だからこそ防災は難しいのだ。

長らく日本で暮らしていたカナダ人のラシャペルも、やはり「戻った人」だった。

彼はキリスト教的な良心に従ったのかもしれないし、それ以上に日本人的な何かを――具体的に言えば、自己犠牲の精神のようなものを――身につけていた結果なのかもしれなかった。

26

「それでもラシャペルは自らの死を決して無駄にはしませんでした」

インタビューの終盤、エメは若干宗教的ともとれる難解な発言をした。

「彼はその死をもって生をまっとうしたのです」

その発言を聞いて、私は彼が同僚神父の死をどこか前向きなものとして捉えていることに気がついた。

それは塩釜教会の幼稚園で取材した佐藤香についても同じだった。彼女もやはり次のように語っていた。

「ラシャペル神父の死を聞いたとき、私は『ああ、神父様はきっと、津波で亡くなった人たちが迷わずに天国に行けるよう、道案内をしてくださったのだ』と思いました。ラシャペル神父は本当にそういう人だったんです」

エメは私の目をのぞき込むようにして話を続けた。

「ラシャペルが亡くなった後、私の周囲で実に様々なことが起こりました。私たちはその度に『これはいったいどういうことなのだろう?』と何度も考えさせられました」

私はあえて質問を挟まずに彼の話をノートに取り続けた。

「私たちはその度に『人は死をもって最期のメッセージを生きている人に伝えるのだ』ということを学びました。そして我々は、それではラシャペルが我々に伝えたメッセージはいったい何であったかと、考え続けました」

「ちょっと難しいですね」と私は控えめに尋ねた。「それは『死の意味』について、ということでしょうか?」

「正確にはちょっと違いますが、そう捉えて頂いても構いません」と彼は答えた。「でもそれは、なぜ死んだかという『理由』ではなく、その死が人々に何を残したかという『結果』についてです。私たち聖職者はそれらをひどく重んじます」

教会の床にステンドグラスの七色の影が揺れていた。エメは真剣な表情になって話を続けた。

「東日本大震災の直後、我々教会関係者は信者の安否確認や被災者への支援に追われました。ラシャペルが暮らしていた塩釜教会は奇跡的に津波の被害を受けなかったため、ボランティアたちが集う最前線の支援基地になりました。当時ラシャペルが乗り捨てた車はそこでのボランティア活動に使われた後、津波で車を失った住民に寄贈されました。そこまではまあ、よくある話です」

遠くでハクチョウの鳴き声が聞こえ、エメが一瞬笑ったように見えた。

「私が驚かされたのは震災から約一カ月半後、仙台の教会で開かれたラシャペルの葬儀でした。そこには教会に所属するキリスト教の信者らに混じって、刑務所で教誨師の活動に携わっていた多くの仏教徒や僧侶らが押し寄せてきたのです。教会の高い天井に僧侶らが唱える念仏が響き渡りました。私は日本で長らく宗教活動を続けてきましたが、そんな光景をこれまで見たことがありません。まさに『奇跡』のような風景でした。僧侶たちの多くがラシャペルを慕い、その死を心から悼んでいました。そして『奇跡』はそこで終わりませんでした」

私はペンを走らせているノートから一瞬顔を上げた。彼は嬉しそうに頷いた。

「宗教家たちの垣根を越えた連帯がその後も長らく続いたのです。当時、被災地では多くの身元不明の遺体が見つかり、夏を迎える頃には一日に何体もの遺体が火葬場へと運び込まれるようになっていました。宗教家らはそれらを火葬にする際、仏教やキリスト教の垣根を越えて、一日も欠かさず、毎日交代しながら火葬場で身元のわからない死者を弔い続けたのです。大きな災害に直面し、宗教家たちは一つになって被災者の支援や救済にあたった。ラシャペルの死が、その連帯の大きなきっかけになったことは言うまでもありません」

「それがラシャペル神父の『死の意味』だったと？」

「おそらく」とエメは静かな声で言った。

「人々を救うために連帯すること。それが、彼が最期に死をもって我々に教えてくれたものだったのではなかったかと」

インタビューを終えて教会を出ると、エメは「今日はこれから福島市内に避難している浪江町の被災者たちとの面会なんだ」と慌ただしく車に乗って駐車場を飛び出していった。二〇一五年に仙台市の教会から福島市内へと異動して以来、彼は今もずっと原発事故によって故郷に戻れない福島県浪江町の住民たちの心の痛みに寄り添い続けている。

別れ際、彼が語ってくれたエピソードがとりわけ印象的だった。

震災から八年が過ぎた二〇一九年、ローマ教皇が三八年ぶりに日本にやってきた際、エメは被災地を代表する一人に選ばれ、ローマ教皇と面会した。

「あなたが日本にいらしてくれたことが、被災地の信者たちを何よりも勇気づけてくれています」

ローマ教皇にそう伝える瞬間、エメは確かに隣にかつての親友、ラシャペルの存在を感じていた。

第八章　家族の夢が叶った日

27

岩手県から東北新幹線と上越新幹線を乗り継いで信越本線のＪＲ柏崎駅の改札を抜けると、懐かしい雪国のにおいがした。日本海を抜けてくる潮風のにおいだ。日頃、東日本大震災の被災地で取材を続けている私にとって、日本海の潮と太平洋のそれとはまるで違ったもののように感じられる。太平洋の潮には太陽のにおいがし、日本海のそれはかすかに湿った雪のにおいがする。

新潟県柏崎市。

福島県いわき市出身の蛭田晶広は、故郷から二二〇キロ離れた地で一人、寮生活を送っていた。五五歳。柏崎市と刈羽村の隣接地に建てられた、東京電力柏崎刈羽原発で働く原発作業員だった。

「ずいぶんと遠かったでしょう。荷物、持ちましょうか？」

人通りのまったくない柏崎駅前のバスターミナルで出迎えてくれた蛭田は、会うなり私の荷物を気遣ってくれた。短く自己紹介を交わした後、我々は駅前のビジネスホテルの一階にあるカフェレストランに入った。

注文したブレンドコーヒーが運ばれてくるまでの間、私は今回の取材の趣旨をなるべく丁寧に彼に伝えた。

私は震災後の福島に勤務した経験があり、発電方法としての原子力発電や事故を起こした東京電力の姿勢に対して極めて批判的な意見を持っている。そんな私の取材を東京電力柏崎刈羽原発で働く現職の原発作業員が受けることが、あるいは彼にとってリスクを伴う行為につながりかねないのではないかと懸念していた。私は実名での報道を是としているため、彼の証言が実名で記事に掲載された場合、職場から嫌がらせを受けたり、ネット上でいわれなき誹謗中傷に曝されたりする恐れがあった。

特に今回の取材では、質問が東日本大震災における東京電力福島第一原発での事故に及ぶ可能性が高かった。

なぜか。

蛭田が震災当時、福島第一原発で働いていた原発作業員だったからである。

彼は福島第一原発の構内で被災し、いわき市で暮らしていたフィリピン人の妻とその間にできた娘を津波で亡くしていた。そしてその後、福島第一原発ではなく柏崎刈羽原発を選んで復職していた。

そんな彼が背負うことになるかもしれないリスクを、私は取材前になるべく丁寧に彼に提示しておきたかった。

「正直、言いたいことは山ほどあります」

私の説明を聞いた後、蛭田は落ち着いた口調で言った。

「でも、私ももういい歳です。『言えないこと』も、『言うべきではないこと』も当然、そこにはあることを十分理解しているつもりです」

彼はそこでゴクリとつばを飲み込み、意図的に空白を作ってから言った。

「取材を受ける前にこれだけは言わなきゃいけないと決めてきたんですが、まず、私は今も自分が原発作業員として働いていることについて、まったく後悔していません。人は食うために働かなければいけない。それが私の場合、たまたま原発だっただけです。震災ではつらい思いもしましたが、その悲しみと私が原発作業員であったことは、直接的には関係があまりなかったと今は思っています。他人がどう思うかはわかりませんが、それとこれとは別なんだということを、まずはあなたにお伝えしたいと思いまして……」

彼はそう言い切ると、大きく一つため息をついた。短い静寂の中で、それは何かの決意表明のように周囲に響いた。

28

福島県いわき市内の高校を卒業後、蛭田が知人に誘われて原発で働き始めたのは二五歳のときだった。各地の原発が定期検査に入る度に、現地に赴いて半年から約九ヵ月間、寮生活を送る。福島第一、福島第二、柏崎刈羽、女川、志賀……。原発の立地地域を転々とする生活を長く続けた。

フィリピン出身の妻グレースと知り合ったのは、彼が二七歳の時だった。知り合いに連れて行かれたいわき市内のフィリピンパブで、南国の花のような美しさと明るさに魅了された。窓のない原発で働き続ける毎日が、「光」をより眩しいものへと感じさせた。

グレースは幼い頃に両親が離婚し、フィリピンで暮らす八人のきょうだいと娘のために学費や生活費の仕送りをしていた。その境遇が、やはり幼い頃に両親が離婚し、理髪店を経営する母の手によって育てられた蛭田の生い立ちと重なった。

力になりたい、と彼は思った。

交際は、フィリピンパブを辞めたグレースが偶然、蛭田の姉が経営するカレー店を手伝いに来たことをきっかけに始まった。

結婚したのは一九九六年。しばらくして、娘の真里亜が生まれた。

夫婦はいわき市の沿岸部の薄磯にあった古い民宿を購入し、生まれたばかりの真里亜が寂しがらないよう、二匹の犬を飼って共に暮らした。

グレースが夜の仕事で忙しいときは、近くで理髪店を営む母や市内でカレー店を経営する姉が娘の面倒を見てくれた。

「お友達にばかにされないように、漢字はしっかりと覚えなきゃだめよ」

漢字が苦手なグレースがそう笑いながら母や姉と一緒に真里亜の漢字の勉強に付き添う姿を見て、蛭田は幼い頃に両親の離婚で失われた家族の絆を取り戻せたような気がした。

「いつか歳を取ったら、みんなでフィリピンで暮らそうな」

家族で夕食を囲みながら、よくそんな話をして盛り上がった。

娘はあと数カ月で中学生になる。蛭田にとって「いつか」は不確定な夢ではなく、娘が高校を卒業する「六、七年先」といった具体的な未来だった。

二〇一一年三月一一日。

蛭田は職場である福島第一原発の5号機内にいた。当時、5号機は定期点検中で、東京電力の下請けとして機器のメンテナンスを担当していた彼が作業の準備に取りかかろうとしたとき、あの激震は起きた。

午後二時四六分。「ゴンゴンゴーン」というビルの建設現場で地中深くに巨大な杭が打ち込まれたときのような轟音が足元から響き、両手を広げてもバランスを取れないほどの強烈な揺れに襲われた。

安全確保のために原子炉建屋の外に出ようと防護服の脱着所に向かうと、あれほど堅牢だと言われていた建屋内の壁が崩落し、通路にはコンクリート片が転がっていた。

「大丈夫だ！　原発は頑強な岩盤の上に建てられている！」

途中、ベテランの作業員がまるで自分に言い聞かせるように周囲に大声で叫んでいるのが聞こえた。

5号機は定期点検中で比較的被害が軽微だったため、原発作業員たちは敷地内の高台にある下請け企業の事務所に集められると、午後四時半、点呼や確認を終えて解散になった。

原発を出ると、すぐさま自宅のあるいわき市の薄磯地区へと車で向かった。海沿いの国道は土砂崩れや津波の浸水などで通行止めになっており、通常なら一時間ほどで着く道のりが四時間以上もかかってしまった。

半日前まで生活の一部として機能していた物々が、むきだしの状態で周囲に放り出されていた。

便器、カツラ、柱時計、巨大なぬいぐるみ、豚の死骸、無数のウレタンマット、沖合にあるはずのブイ、松の枝、女性用の性具、漁船のプロペラ、打ち上げられた魚、仏壇の遺影、バスケットボールのゴール、子どもの通信簿、グシャグシャに圧縮された軽自動車の数々……。

無数のがれきに阻まれてその日は結局、薄磯の自宅にたどり着けなかった。周辺の避難所を回ると、そこで初めて隣人から妻と娘が行方不明になっていることを知らされた。

「あの状況で胸に湧き上がってくる感情などありませんでした」と彼は当時の心境を振り返った。

「暗闇と泥で目に映るすべてのものが真っ黒で、妻子の不明を知らされても、私はただ『ああ、そうですか』とだけしか答えられませんでした。他人から見れば、薄情者だと思われたかもしれませんけれど……」

翌日以降、彼は母親の自宅で寝泊まりしながら、妻子の姿を求めて避難所を回った。

娘の真里亜が塩屋埼灯台下のテトラポッドで見つかったのは、震災二日後の三月一三日だった。

遺体安置所になった体育館に入ると、そこには木製の棺ではなく、黒色の遺体の収容袋が一五袋ほど冷たい床に並べられていた。

警察官がそのうちの一つのファスナーを引き下げたとき、凍りついたような娘の顔が現れた。

「うっ、うっ、うっ……」

言葉は何一つ出てこなかった。感情をうまく整理できない。どうして俺は娘を守ってあげられなかったのか、そんな後悔が胸の奥から込み上げてきた。

だから五日後の三月一八日、妻のグレースの遺体が遺体安置所に運ばれてきたときには、絶望よりも「見つかって良かった」という安堵の思いが先に胸に来た。

涙ぐみながら冷たくなった妻に声を掛けた。

「グレース、向こうで真里亜を頼んだぞ。真里亜、ママと一緒で良かったな……」

蛭田が悲しみに暮れているその一方で、彼の職場である福島第一原発はそのときすでに1、3、4号機が水素爆発し、日本列島の東半分が破滅の崖っぷちに立たされていた。

数日後、彼のもとにも職場の上司から「復旧作業に加わってもらえないだろうか」と復帰を要請する電話が入った。

今こそ国家に身を捧げるべきなのだろうか――。

そう悩んだものの、今は国家よりもまず自分の家族を優先すべきだと考え、妻子を火葬し、母親の自宅で寝泊まりしながら、海辺に散らばっている妻のバッグや娘のランドセルなどを集めて回った。

ある日、遺留品を受け取りに出向いた警察署で、隣人の女性から二人の最期について聞かされた。

「グレースさんと真里亜ちゃん、実は地震の後に山に逃げたんだわ。でも、犬がいるからって家に戻って。出てきたときには、一匹ずつ胸に犬を抱えて津波の前で立ち尽くしていた。私は『逃げて、逃げて！』と叫んだのだけれど……」

隣人は泣きながら震えていた。

「ありがとうございます」と彼は頭を下げた後、女性の肩を抱きしめながら思った。

「津波で亡くなった人も、生き残った人も、みんな可哀想だ。こんな地獄のような記憶を、この先一生抱きしめて生きていかなければならないのだから……」

29

JR柏崎駅前のカフェレストランに差し込む夕日を受けて、蛭田の坊主頭がオレンジ色に染まっていた。逆光の位置に座った私の席からは、彼の目が少し充血しているようにも見えたが、それが夕日の影響なのか、あるいは感情の表れなのかまではわからなかかった。

「妻と娘の遺骨はしばらくいわき市に借りているアパートで保管していましたが、二〇一七年にいわき市の公園墓地にお墓を建てて埋葬しました」

オレンジ色の光の中で蛭田が少しつらそうに言った。

「今も月に一度はいわきに帰り、お墓に花や線香を供えたり、水を替えたりしています。

『俺だけが生き残って、すまなかったな』と二人に向かって手を合わせるんです。それが贖罪というか、私に残された唯一の役割だと思うようなところがあって……」

私は、もし許して頂けるなら、その墓参りに同行させて頂けないか、とその場で彼に申し出てみた。誰にとっても一二年の歳月は決して短くはないはずだ。彼はそこで両手を合わせ、どんなことに思いを馳せるのだろう。津波によって奪われた、そこにあったはずの過去か。あるいはこれから先に続く、やはり失われた未来だろうか。

蛭田は私の申し出に「ええ、いいですよ」と微笑みながら頷き、数秒後、「実はまだこの話には後日談みたいなものがあって……」となぜか照れくさそうな仕種を見せた。

「ちょっと変な話で、少し話しづらいところもあるのですが……。実は妻と娘が亡くなった後、なんか神がかり的なことが起きたんです」

私は無言で頷いて話を前へと促した。

「震災後、知り合いと一度、フィリピンにあるグレースの故郷を訪ねたことがあるんです」

彼はそこでわずかに下を向き、瞳を潤ませながら話を続けた。

「彼女の実家の近くには白血病で亡くなった彼女の長女のお墓があって、そこを知り合いと二人で訪ねたんです。そのとき、周囲に風などまったく吹いていないのにお墓の前で突然、大きなつむじ風が立ったんです。空気の渦は木の葉を巻き上げながら、ずっと私と知り合いの前でグルグルと渦を巻き続けていました。グルグル、グルグルと、まるで命を宿しているかのように。そのとき、知り合いに言われたんです。『おい、見ろよ！　グレースさんと真里亜ちゃん、ちゃんと会いに来てくれたみたいだぞ！』って。そのとき、俺、嬉しくて。ああ、そうか、あいつら、俺に会いに来てくれたのかって……」

いつかみんなで一緒にフィリピンで暮らしたい――。

そんな家族の夢が叶ったような瞬間だった。

第九章　本棚のピエタ

30

飛び散る木くずが吐き出す息と混じり合い、銀色にきらめいていた。

二〇二三年二月の夕暮れ。私は宮城県東松島市の木工場で、木工作家・遠藤伸一が特注の本棚を制作する現場に立ち会っていた。

気温零下三度。

大小の工作機械や無数の木材が置かれた木工場内には暖房が置けないため、室温は外気温と変わらない。

特注の本棚は上から見ると「S字」にカーブした特徴的な造りになっている。遠藤はその天板の曲線部分を切り出すため、手元の電動のこぎりに意識を集中しようとしていた。

でも、うまくいかない。いくつもの声が心に響いて邪魔する。

「奏《かな》ちゃん、冷たいんだ、冷たいんだ」

「俺だ、俺が殺したんだ」

「お父さん、ほっぺにチューして」

「あなた、どうして助けてくれなかったの？」

本棚の納入先はアメリカだ。納期まであと数週間しかない。

「待ってろよ。あっちの人がびっくりするような本棚、作ってやっからな」

電動のこぎりの切断音がざわめく心を少しだけ鎮めてくれる。

でも、自分だけが生き残ったという罪悪感がぬぐい去られることは決してない。

私が遠藤と知り合ったのは二〇二二年の初冬だった。

津波で亡くなった外国人を取材する過程で、私は宮城県石巻市で外国語指導助手をしていた二四歳のアメリカ人女性、テイラー・アンダーソンが津波で亡くなり、その後、両親が亡くなった娘の遺志を継ごうと被災地の小中学校などに英語の本と本棚を寄贈する活動を続けていることを知った（序章、第三章参照）。

その活動においてすべての本棚の制作を担っていたのが、同じ石巻市で暮らす木工作家の遠藤だった。

私はすぐにでも彼に連絡を取りたかったが、ある事情が私にその行動をためらわせた。彼もまた、津波で三人の我が子を亡くしていたからである。

私はこれまでにも震災で子どもを失った親たちを何人も取材していたが、彼の場合、少し事情が異なっていた。

遠藤は震災発生時、本来安全であったはずの小学校から二人の子どもを連れ戻し、午前授業で中学校から帰宅していた長女と一緒に自宅に待機させていた。結果、自宅に押し寄せた津波で彼だけが助かり、子ども三人が犠牲になってしまっていた。

「俺が余計なことをしなければ、子どもたちは助かっていたかもしれない……」

彼はそんな十字架を背負いながら一〇年以上、小中学校などに寄贈するための本棚を無我夢中で作り続けていた。

取材のきっかけとなったのは、私が震災直後に一年間、宮城県南三陸町に住み込んでつづった『南三陸日記』だった。かつて朝日新聞紙上で連載し、後に書籍化されたそのルポルタージュを、遠藤の妻が愛読してくれていたのだ。

「三浦さんって、もしかして『南三陸日記』の三浦さん？」

取材依頼の手紙を送るとすぐに、私のスマートフォンに遠藤からの着信が入った。

「実は俺の妻が『南三陸日記』の大ファンでさ。二冊も購入して自宅に持っているんだよね。妻にも相談したら、もしそれが本当に『南三陸日記』の三浦さんなら、絶対に取材を受けた方がいいって言われてさ……」

同著が二〇一九年に文庫化される際、私はその表紙に、震災四カ月後に私が立ち会う形で生まれた少女——彼女は震災時はまだ母親の胎内におり、津波で父親を失っていた——が小学校に入学した日の写真を掲載していたが、三人の子どもを失った遠藤も震災後、何かのイベントでその少女と同席することがあり、以来親交を温めているらしかった。

南三陸で過ごした日々が、私と彼を結びつけてくれた。


初回のインタビューは二〇二二年一二月、遠藤が制作場所として使っている宮城県東松島市の木工場で行われた。

「インタビューに入る前にちょっと聞いておきたいのだけれど……」

彼は取材前、緊張気味の私ににこやかに尋ねた。

「実はこの木工場、トイレが壊れて使えないいんだよね。申し訳ないいんだけれど、もし必要なら近くのコンビニにお世話にならなければいけない。大丈夫かな?」

それが取材に入る前のお決まりの挨拶なのだろう、遠藤は私の顔をのぞき込むようにしてそう言うと、ニッコリと笑った。

初めて面会した木工作家は、優しすぎるほど心の優しい男だった。外見は筋骨隆々の坊主頭で常に薄いサングラスを掛けており（本人は木工をやっていると筋肉もつくし、木くずが飛び散るので坊主頭が楽なんだと話していた）、港町でよく見かける強面の漁師といった風貌なのだが、実際に言葉を交わしてみると、話はユーモアに溢れ、相手への細やかな気配りを忘れない。

身の丈を超える悲しみを経験すると、人は優しくなれるのだろうか――。

私はそんなことを考えながら、「それではインタビューを始めさせてください」とデジタル一眼カメラの録画ボタンを押した。

「俺の人生はもう終わっているんです」

遠藤は冒頭、すでに人生を諦めたような、悲しい言葉でインタビューを始めた。

「あの日、俺がいなかったら、たぶん子どもたちの命は助かっていたんです。そうじゃないよって言ってくれる人もいるけれど、でも客観的に考えてみれば、やっぱりそれが事実です。俺が小学校から長男と次女を連れ帰らなかったら、当然あいつらは生きていたわけだし、俺が『父ちゃんがいるから大丈夫だぞ』なんて言わなければ、家にいた長女だってきっと祖母と一緒に逃げていたかもしれない。全部、俺のせいなんです。だから……」

話し始めた遠藤の目元がデジタルカメラには映らない。

そのとき初めて、私はなぜ彼が普段から薄い色のサングラスを掛けているのかわかった気がした。

31

二〇一一年三月一一日。

遠藤は請け負っていた石巻市内の水産加工会社の改修工事を終え、帰宅途中に「あの揺れ」に襲われた。トラックで走っていてもわかるほどの激震で、周囲で電柱が何本も傾いた。

大急ぎで自宅へと向かった。築約三〇年の二階建ての母屋と実母のために前年に建てた平屋は、海から数百メートルも離れていない。

家に着くと、卒業式で午前中に中学校から帰ってきていた一三歳の長女・花が、八〇歳になる母の恵子と一緒に平屋にいた。

石巻市内の病院で看護助手として働く妻の綾子が勤務中だったため、彼は近くの渡波小学校に一〇歳の長男・侃太《かんた》と八歳の次女・奏を迎えに行った。教師から二人の子どもを受け取って自宅に連れて帰ると、三人の子どもたちは祖母と一緒に平屋に入った。

「父ちゃんがいるから大丈夫だぞ」

余震を怖がる子どもたちにそう言い残し、自分はトラックに乗って連絡のつかない近所の親戚の様子を見に行くことにした。

親戚は不在だった。その帰り道、自宅から数百メートルの路上で異変が起きた。

「何だ、ありゃ？」

海の方角からパッと砂煙が上がり、家や車が津波に押し流されて路上に流れ込んできた。

目の前は三差路で、海、自宅、県道に向いている。自宅へと続く道はすでに水で覆われていたため、とっさに県道側へと迂回し、自宅へ回り込もうとハンドルを切った。

が、ダメだった。

次の瞬間、巨大な水の塊が押し寄せ、トラックが浮き上がった。水没すると車は水圧でドアが開かなくなる。彼は反射的に運転席の右側のドアを蹴り開け、水圧で閉まらないよう右足を挟んだ。そしてトラックから津波の中へと飛び込んだ。

濁流の中でもがきながら、流されてきた屋根に必死にしがみついた。しかし、その屋根もメリメリッと激しい音を立てて崩れ落ちてしまう。再び水の中に沈められ、無数のがれきと一緒に陸側へ押し流された。津波は近くのコンビニの壁にぶち当たり、彼はがれきと壁の間で挟まれながら、がれきに押しつぶされないように必死に耐えた。めがねを失い、視界が利かない。数時間後、津波が引き始めると、コンビニの屋根の上に登り、周囲を見渡した。一面が「海」になっていた。

生き残ったのは、俺だけなのか――?

そう絶望していると、近くで電柱にしがみついて助かった夫婦がいることに気づき、合流して一緒に自宅近くの渡波保育所に向かった。

保育所では近隣住民らがたき火をたいて体を温めていた。すぐにでも自宅に駆けつけたかったが、周囲は夜の闇とがれきに覆われて近づくことさえできない。

彼は右足首を骨折し、両足は釘を踏み抜いて血だらけだった。

震災翌日の早朝、遠藤が木の枝を杖代わりにして自宅へと向かうと、家は跡形もなく、基礎から完全に流されていた。

「誰かいませんか……」

自宅の近くで高齢者が力なく泣いていた。

よく見ると、母の恵子だった。八歳の奏を胸に抱いていた。

「奏ちゃん、冷たいんだ、冷たいんだ……」

聞くと、津波が押し寄せた瞬間、恵子は三人の孫たちと一緒に自宅の平屋にいたらしかった。濁流にのみ込まれた直後、天井を頭でぶち抜いて、恵子は助かっていた。平屋は砕けて陸側に数十メートル流され、津波が引いた後、家の残骸から孫の遺体を見つけたという。

震えながら報告する母に、遠藤は精神の髄《ずい》が壊れてしまいそうだった。泥まみれの奏を抱きしめると、いつも「ほっぺにチュー」をせがんだ愛娘は氷のように冷たく、頭髪からは無数の砂が出てきた。

「俺のせいだ。俺が学校から家に連れ戻しさえしなければ……」

奏の遺体を保育所へと運び、二階に担ぎ上げて布団に寝かせると、彼は長女の花と長男の侃太を探すため、再び自宅周辺へと戻った。

到着後まもなく、崩壊した平屋の廊下から花の体の一部が見えた。でも、冷蔵庫が廊下にめり込んでいて、体を取り出すことができない。外側の壁を崩し、なんとか娘の体を引っ張り出すと、人を笑わせるのが大好きでいつも微笑んでいた花の顔が泥だらけだった。

中学生になっていた花の遺体は一人で運ぶことができず、津波で流されてきた家屋の扉に載せて六人がかりで保育所へと運んだ。

「俺だ、俺が殺したんだ……」

保育所の二階で冷たくなった二人の娘の遺体を抱きながら、彼は夜が明けるまでうなり続けた。

32

大地が激しく揺れ始めたとき、遠藤の妻・綾子は看護助手として勤務する高台の病院で、患者の入浴作業を手伝っていた。院内の器具がガシャガシャときしみ、患者が泣き出したり、失禁したりし始めていた。断水に備えて容器に水をためようとしていたとき、ラジオが津波警報を伝えた。

「沿岸部に津波警報が発令されました。海の近くにいる人は――」

家族と連絡を取りたかったが、あいにく携帯電話が手元になかった。

しばらくすると、上司から帰宅許可が出たため、綾子は高台を降りてJR石巻駅へ向かった。すると不思議なことに周辺の地面がうっすらと「濡れ」ているのに気づいた。

「何、これ?」

地面の「濡れ」はすぐさま「水たまり」へと変わり、やがて小さな「波」となって周辺の市街地を埋め尽くし始めた。

「津波?」

水位がどんどん上昇して綾子の膝下ぐらいに達したとき、彼女は見知らぬ男性に腕をつかまれ、石巻市役所の止まったエスカレーターから上階へと引き上げられた。市役所内はすでに大勢の避難者でごった返していた。全身ずぶ濡れの人や、ケガをしている人もいる。

子どもたちは大丈夫だろうか——。

心配だったが、携帯電話には「子どもたちは体育館に避難しています」という小学校からの一斉メールが入っていた。

石巻市役所周辺の冠水が引かなかったため、綾子は結局二晩を市役所の椅子で過ごした。

震災三日目の朝、自家発電で視聴可能になった市役所内のテレビに自宅近くの南浜地区の映像が映った。一帯に津波が押し寄せたらしく、家屋はどれも原形をとどめていない。自宅がある渡波地区も相当な被害を受けていると覚悟した。

「渡波の自宅に戻りたいのだけれど……」

そう懇願すると、市役所にいた男性に「自己責任で戻ってくれ」と告げられた。

近くにいた別の男性が彼女に聞いた。

「渡波のどこ？」

「長浜町です」

そう答えると、男性は天を仰ぎながら「希望は捨てないで」と声を潜めた。

市役所を出ると、ほとんどの道ががれきで覆われていたため、綾子はトンネルを抜けて避難所になっていた渡波小学校へと向かった。

体育館に到着すると、誰も彼女と目を合わせようとしない。

「綾子さん、よく聞いて」

遠い親戚が近づいて来て言った。

「花ちゃんと奏ちゃん、ダメだった。侃太さんはまだ見つかっていない……」

彼女はその日本語で語られたはずの言葉がまったく理解できなかった。

「侃太と奏は小学校にいたはずじゃ……」

近くにいた男性に連れられて、住民が避難しているという渡波保育所へと向かうと、たき火のまわりで夫が待っていた。

夫は涙を流しながら妻に謝った。

「ごめん、花と奏、助けられなかった……」

周囲に抱きかかえられるようにして保育所の二階へと上ると、愛する二人の娘が保育士のエプロンを掛けられて横たわっていた。

まるで誰かにほおを突然ひっぱたかれたような気分だった。

痛みも怒りも感じない。涙さえも出ない。

「何で、何で……？」

口ごもりながら意識を必死につなぎとめた。

「だって、侃太と奏は小学校にいたはずでしょう？」

夫に刃物のような質問を向けた直後、記憶の一部を失った。

33

翌日、綾子は一睡もできないまま保育所の床で朝を迎えると、夫と一緒に自宅の周辺へと向かい、まだ行方のわからない長男の侃太を捜した。夫の母である恵子が座っていた自宅周辺を中心に捜すものの、無数のがれきに覆われて手がつけられない。

綾子はいっそ自分が重機になってしまいたかった。そうすれば、愛する息子をこの冷たい泥の中から救い出してあげられる。

「侃太なら、どこかに走って逃げていてくれるかもしれない」

夫婦はそんな期待も心のどこかに抱いていた。引っ込み思案だった侃太はとりわけ足が速かった。徒競走で一番になれるかもしれないと、父子は毎朝近くの堤防で駆けっこの練習をしていた。

しかし一週間後、そんな夫婦の小さな希望も裏切られてしまう。

保育所に自衛隊員が訪ねてきて聞いた。

「ここに恵子さんという方はいませんか？」

津波で壊滅した家屋の近くに恵子宛ての年賀状が散乱しており、近くで小学生とみられる男児の遺体が見つかったという。

綾子が保育所を飛び出して自衛隊車両に駆け寄ると、荷台に侃太が寝かされていた。

「うっ、うっ、うっ」

絶望的な気持ちに打ちのめされながら、綾子は避難所の住民が手渡してくれた貴重なきれいなタオルで息子の顔を必死に拭いた。

侃太の遺体は、震災後に臨時の遺体安置所となった石巻市の旧青果花き地方卸売市場へと搬送された。

現地に赴くと、ブルーシートの上に数十の遺体が寝かされ、毛布がかぶせられていた。

遠藤は三人の子どもたちが寂しがらないよう、侃太の遺体をすでに搬送されていた花や奏と隣り合わせになるよう並べてもらった。

「もう俺が生きている意味なんてないな」

目の前の小さな三つの遺体を前に彼は心の底からそう思った。

「俺が小学校から連れ戻しさえしなければ。俺が『父ちゃんがいるから、大丈夫だ』なんて言っていなければ……」

震災直後の石巻市では遺体をすぐに火葬することができず、三人は仮埋葬になった。石巻体育館前に掘った等身大の穴の中へと、自衛隊員たちが木の棺を運び込む。その軽さから子どもの遺体であることがわかるのか、自衛隊員たちも棺を担ぎながら大泣きしていた。

仮埋葬では関係者が棺に土をかけることになっていた。でも、綾子はそれがどうしてもできなかった。

私の取材に吐き出すように言った。

「だって、実の母親が我が子に土なんてかけられるわけないじゃないですか……」

三月下旬、綾子は避難所に設置された電話で、東京で暮らす両親に初めて事実を伝えた。

「ごめんなさい、私、子どもたちを守れなかった」

三人の孫を溺愛していた父親にそう謝ると、電話口には母親が出た。

「お母さん……」

直後、彼女は被災してから初めてわんわん泣いた。

感情を抑えられず、言葉も継げられず、涙だけが次から次へとあふれ出てきた。

34

震災後、渡波保育所に避難していた近隣住民たちは、三人の子どもを失った遠藤夫妻が自殺をしないよう、あえて避難所運営のリーダー役を任せた。夫の伸一には避難者のための物資の調達や情報の管理などを委ね、看護助手である綾子には避難所にいる負傷者へのケアや病院への交渉係などを頼んだ。

遺体の捜索などを終えて保育所に戻ると、近所の隣人たちは皆、避難所を運営するためにそれぞれの役割を割り振られ、働いた。保育所内の整理整頓をしたり、交代で食事の準備やたき火の番をしたり。

でも、三人の子を失ったばかりの当時の綾子には、そんなふうに整然と立ち働ける人たちがまるで信じられなかった。

「どうしてこんな状況の中で、みんな普通に振る舞えるのよ……」

医療従事者として、自分の心のバランスが著しく崩れていることも理解していた。でも、どうすることもできない。なにより、三人の我が子を守ってくれなかった、夫や義母を許せなかった。

「どうして、どうして、どうして……」

泣きながら自問を繰り返すうちに、心がどんどん固くなっていく。

「私、どうなっちゃうんだろう……」

五月の連休に綾子は勤務先の病院に復帰した。職場では数十人の関係者が亡くなっており、その不幸の大きさが結果的に綾子の悲劇を少しだけ目立たなくした。

遠藤の母・恵子を東京の親族宅に預かってもらった後、夫婦は行政が民間の住宅を借り上げて被災者を住まわせる「みなし仮設」へと移った。

その後の日々を夫婦はまるで感情を失ったロボットのようになって過ごした。

自分は何か悪い夢を見ているんだ──そう思い込もうとしても、朝方わずかに眠って目を覚ますと、周囲の風景は何一つ変わっていない。

綾子にとってそれは、職場で忙しく働き、スーパーでお総菜を買って帰るだけの日々だった。誰とも会いたくない。会えば、親しかった友人にも突然目の前で号泣される。明るく社交的な性格の彼女には、それが何よりつらかった。

色彩を失った日々にわずかな光が差し込んだのは、震災の年の初夏だった。

遠藤の携帯電話に旧知の新聞記者から連絡が入った。震災前、木工の個展に取材に来てくれた朝日新聞の前石巻支局長・高成田享からの電話だった。

「遠藤さんに頼みたい仕事があってさ」と高成田は電話口で言った。

「石巻市で外国語指導助手として働いていた二四歳のアメリカ人女性が津波で亡くなった。遺族は本が大好きだった娘の遺志を継いで、石巻市の学校に本の寄付を希望しているようなのだけれど、遠藤さん、そのための本棚を作ってくれないか」

津波で亡くなったアメリカ人女性の名は「テイラー・アンダーソン」。寄贈される本棚は「テイラー文庫」と名付けられるらしかった。

その名前を聞いた時、遠藤にはハッと思い当たる節があった。

「ねえ、外人、見たことある？」

末っ子の奏が小学一年生の時、遠藤にうれしそうに聞いてきたことがあった。

「奏、見たことあるんだよ。お笑いが好きな、奏の英語の先生なんだよ」

それが津波で亡くなったアメリカ人女性のテイラーだったのだ。妻の綾子に聞くと、長女の花も長男の侃太もテイラーの教え子だった。

子どもたちも喜んでくれるんじゃないだろうか――。

真っ暗な心の中にわずかな光のようなものを見つけた彼は、その光を追い求めるように、テイラーが勤務していた七つの小中学校に向かった。事情を説明して要望を聞き取ると、オーダーメイドで本棚を作り始めた。

寝る間を惜しんでアイデアを練った。子どもたちが場所を気にせず本を楽しめるよう、本棚の底にキャスターをつけ、ベンチとしても使えるようにする。触ったときに木のぬくもりを感じられるよう、ニスは使わず天然のオイルで仕上げる――。

最初のテイラー文庫が完成したのは震災半年後の二〇一一年九月、テイラーが当時亡くなる直前まで勤務していた万石浦小学校へと寄贈された。

贈呈式にはアメリカからテイラーの両親や弟妹も訪れ、被災者の前で生前に娘を愛してくれたことへの感謝を伝えた。

「俺にもまだ生きている意味が残っているのだろうか……」

贈呈式の光景を見ながら、遠藤は言葉にならない感情で胸の中がいっぱいになった。

以来、遠藤はテイラーの両親の思いに引きずられるように本棚の制作に夢中になった。テイラー文庫の活動は徐々に広がり、二〇一三年一二月にはテイラーが勤務した七つの小中学校すべてに彼が作った本棚が設置された。

一方で、そんな夫の活動を、妻の綾子はどこか距離を置いて見つめていた。テイラー文庫の贈呈式の様子もテレビや新聞で眺めるだけ。

ところが二〇一五年秋、テイラーの母であるジーンが石巻の自宅跡に設置したコンテナ・ハウスを訪ねたとき、テーブルの隅に置かれていた着物の古着を手にとって「この着物で海外の人が喜ぶようなグリーティング・カードを作ってみたらどう？」と提案され、心が揺れた。

震災後、気持ちが沈み込んだままの自分に対し、テイラーの両親は「日本とアメリカを結ぶ架け橋のような仕事がしたい」と願った娘の夢を少しでも叶えようと、毎年のように日本を訪れ、被災地を回って住民に感謝の気持ちを伝え続けている。

綾子は、同じ子どもを失った母親であるジーンの姿に「こんなふうにも生きられるんだ」と憧れた。

そして、気づいた。

「私も変わりたかったんだ……」

直後、綾子は自宅跡地に設置されたコンテナ・ハウスで週一回、古くからの友人や近隣住民を集めて、着物の古着を使ってグリーティング・カードを作る「イシノマキモノ」の活動を始めた。

みんなで集まってお茶を飲んだり、おしゃべりをしたりしながら、着物の切れ端を使って色鮮やかなカードを作る。コンテナ・ハウスには笑い声がこだまし、ふと見渡すと、震災後もずっと自分を支え続けてくれている人たちの顔が並んでいた。

「ああ、私はずっと一人じゃなかったんだ……」

そう気づけてようやく、氷が溶けるように夫や義母を恨む気持ちも薄らいでいった。

「夫は昔から子煩悩で、子どもたちが大好きだった。義母も震災時、死ぬような目に遭いながら必死に子どもを守ろうとしてくれた。つらいのは私だけじゃなかった。みんな同じだったんだって、私、その時、やっと気づけて……」

綾子はコンテナ・ハウスの中でそう言うと、私の前でボロボロと涙をこぼしながら、精いっぱいの笑顔を作って微笑もうとした。

35

遠藤夫妻から一通り証言を聞き終えた後も、私は時間を見つけて彼の木工場がある宮城県東松島市へと通い続けた。ティラー文庫は二〇二三年二月に設置先が二九カ所目に達し、その年の四月にはテイラーの出身大学であるアメリカ・バージニア州のランドルフ・メーコン大学内にも設置されることになっていた。私が彼を取材したのは、その三〇カ所目となるアメリカ向けのテイラー文庫を制作する期間と重なっていた。

木工場で日が暮れるまで話を聞き、その後は石巻市内の居酒屋に移動して二人でよく酒を飲み交わした。遠藤は水産高校出身ということもあり、魚の種類や旬の時期に詳しく、私は彼の勧めるままに三陸産の刺し身や焼き魚を味わった。酒席の時間はいつも穏やかに流れたが、彼の場合、語られる話題のすべてが亡くなった三人の子どもたちとの思い出だった。

「俺はさあ、黄色の車に乗りたいんだよなあ。昔、奏に言われたんだ。一日に三回、黄色い車とすれ違うと幸せになれるんだよって。だから黄色の車に乗っていたらさ、奏も天国で喜んでくれるんじゃないかと思ってさ」

「実は俺、昔、東京のアミューズメントパークでベンチを作ったことがあってさ。家族で遊びに行ったとき、俺がベンチを愛おしそうになでていると、娘たちが嫌がってさあ。『お父さん、恥ずかしいからもうやめて！』ってさ。あのときは最高だったなあ」

日本酒の揺らぎの中でそんな遠藤の話を聞きながら、私は人間とはやはり過去の中にしか生きられないのだろうかと、そんなことをぼんやりと考えていた。

人は何のために生きるのか——。

そんな果てしない命題を、私は職業記者になってからずっと追い続けてきたように思う。

でも、遠藤夫妻や津波で亡くなった外国人たちの取材を続けてきて、そのときの私には、その答えの一端がおぼろげながらに見えてきたような感じがしていた。

それは言葉にすれば、おそらくこういうことだった。


〈人に生きる意味など存在しない〉

我々はただ与えられた「命」をまっとうするために「生きている」のだ。

そう思い込めない限り、背負えない現実がある。耐えきれないほどの悲しみや痛みがある。

「俺さあ、実は数年前に脳梗塞を患ってさあ」

遠藤はその夜、酔いでろれつが回らなくなった口調で、いつもより上機嫌になって言った。

「朝起きると右腕の感触が無くなっててさあ。職場に来ていたアシスタントの女の子に右腕を叩いてもらっても、全然痛くもないし、叩かれている感覚もない。すぐに病院に向かうと、緊急入院になった。でもその時さ、俺、思ったんだよね。『ああ、これでやっとあいつらのところに行けるな』って。『やっと、やっと』って。そう思ったんだ……」

目の前で酔いつぶれた大男が居酒屋のテーブルに突っ伏していた。

その姿を見て、私はなぜか世界放浪中にバチカンで見たミケランジェロのピエタの石像を思い出していた。

苦難の末に十字架から外されたキリストの亡骸と、それを慈しみ深い微笑みで抱き上げる聖母マリア。サン・ピエトロ大聖堂に飾られているそれは、マリアがあまりに若く、美しいことで知られていた。

私は目の前の重い十字架を背負った男が苦しみ抜いて死んだとき、それを抱き上げるのは一体誰なのだろうかと夢想してみた。

妻の綾子か。母の恵子か。亡くなった三人の子どもたちか。

あるいは、彼にこれまで本棚を作らせてきたアメリカ人のテイラーだろうか――。


私が約半年間かけて東北各地で取材した内容は、震災一二年にあわせた二〇二三年二月下旬から三月上旬にかけて、朝日新聞の紙面やインターネットサイトに掲載されることになっていた。

私は原則、執筆した原稿を掲載前に取材対象者に見せることはしない。しかし今回ばかりは、遠藤夫妻には前もって原稿の内容を提示して、あらかじめ「ケア」しておくべきではないかと考えていた。

特に妻の綾子については、震災直後に「自分の子どもの死を、自分だけが知らなかった」というつらい経験をしており、自らの過去が記された記事の内容を、本人よりも先に他人に読まれるといった状況を、私はなんとしても回避したかった。

綾子にはコンテナ・ハウスに直接原稿案を届けたが、遠藤には石巻市の旧北上川沿いに震災後新設された「いしのまき元気いちば」の食堂で、一緒に名物の「石巻焼きそば」を食べながら原稿案を一読してもらった。

遠藤は食堂のテーブルで文面を見ながら、何度もうつむき、その度に薄いサングラスを外した。私はその場にいるのが耐えられなくなり、何度かトイレに立ったり、水を取りに行ったりした。遠藤はその間もずっと吸い込まれるように原稿を読み続け、うつむき、その度にサングラスを外して涙をぬぐった。

原稿を最後まで読み終えたとき、遠藤は何かを言おうとして声に出せず、「ふぁああ」と大きな息だけを吐き出した。

「原稿、大丈夫でしょうか？」

私がそう尋ねると、遠藤は小さく息を吸い込み、また何かを言おうとして言葉にできず、何度か頷いて口をパクパクさせただけだった。

気がつくと、観光客で混み合う食堂で、私も遠藤も声を押し殺して泣いていた。他人に見られるのが恥ずかしかったので、私は多めのソースをかけた石巻焼きそばを口いっぱいにほおばった。

遠藤はテーブルに顔をこすりつけるようにして、大粒の涙で原稿案を濡らしている。そんな光景を目の前にして、私は「生きるということは、どうしてこんなにつらいのだろう」と感じた。

そして思った。

人間とはどうしてこんなにも弱く、こんなにも温かい生き物なのだろう、と。

36

二〇二三年春、津波で亡くなった外国人をテーマにした連載記事を配信した後も、私は遠藤夫妻に関する取材をしばらく続けた。震災一二年をめどにアメリカから来日したテイラーの父親であるアンディー・アンダーソンや、テイラーの親友でもあったキャサリン・シューとも面会し、当時の思い出などを語ってもらった。

四月下旬には三〇カ所目となるテイラー文庫が彼女の出身大学に設置されるため、遠藤は特注の本棚の制作やその部材をアメリカへ配送する準備に忙しかった。

「俺はテイラー文庫があったから、今まで生きることができた」

本棚の制作中、彼は何度も同じ台詞を口にした。

「だからこそ、最高の本棚を作りたい。テイラーさんや俺の三人の子どもたちが、この世に生きた証として。あの震災で多くの人が亡くなった、その悲しみを忘れないでほしい、との願いを込めて」

遠藤は徹夜で本棚の下準備を終えると、完成した背板や側板をアメリカへと配送し、四月下旬、妻の綾子と一緒にアメリカへと旅立った。

彼にとっては初めてのアメリカ。現地で本棚を組み立てる際には、テイラーの両親や設置先となるランドルフ・メーコン大学で日本語を学ぶ学生たちが作業に加わってくれた。

四月二八日、大学図書館のホールで開かれた贈呈式。

遠藤はここまで歩んでこられた感謝の気持ちをティラーの両親や妻の綾子に伝えようと準備していた。

そのときだった。

彼の耳に突然、聞き覚えのある祭りばやしが飛び込んできた。

仙台に伝わる伝統芸能「すずめ踊り」。

仙台城の築城を祝って石工たちが踊ったとされるその舞いを、ランドルフ・メーコン大学の学生やスタッフらが法被姿で両手に扇子を持ち、笛や太鼓の音に合わせて軽やかに舞い始めた。

日本の東北地方からはるばるアメリカへと訪ねてきてくれた、遠藤夫妻に感謝の意を示そうと企画されたサプライズだった。

遠藤は思わず目頭が熱くなった。言い表すことのできない複雑な気持ち。津波で三人の子どもを亡くした、その悲しみを忘れたことなど一日もない。でも、あの震災がなければ、このようにアメリカに来ることも、これほど多くの人に出会えることもなかった……。

「花——」

彼はすずめ踊りの祭りばやしのなかで、津波で亡くなった長女の名を呼んだ。

「父ちゃんと母ちゃんは今、アメリカにいるんだぞ。父ちゃんにとっては初めてのアメリカだ。見るもの、聞くもの、食べるもの、みんな石巻とは随分違う……」

「侃太——」

続いて長男のはにかんだような笑顔が浮かんだ。

「聞こえるか？　すずめ踊り、外国人が踊ってくれてるんだぞ。お前、そっちでどうしてる。父ちゃんと母ちゃんは今、こんなに多くの人に囲まれて、支えられて、なんとか両足で立ってるぞ」

「奏——」

最後に次女に向かって微笑みかけた。

「ごめんな。父ちゃんが守ってあげられなくて、本当にごめんな。でも、父ちゃんは、父ちゃんは……」

死にたい。

これまでに心の底から何度そう願ったかわからない。でもここで死んだら、今作っている本棚を納められなくなる。自分を支えてくれている、多くの人を悲しませることになる。そう思ってずっと踏みとどまってきた。

その感情が最近、少しずつ変化している。「忘却」ではなく、周囲や多くの人から支えられたことの「結果」として。

「花、侃太、奏、父ちゃんは今……」

賑やかな祭りばやしが終わり、東北から来た夫妻に拍手が送られる。

涙で歪んだ景色の向こうに、やはり最愛の娘を津波で亡くしたテイラーの両親が、こちらに向かって微笑んでいる。

歩んできた一二年間の記憶が走馬灯のように流れていく。

遠くで潮騒が鳴っている。

生きたい。

遠藤は今、ようやくそう思えるようになった。

本書の感想をぜひお寄せください。

三浦英之（みうら・ひでゆき）

1974年、神奈川県生まれ。朝日新聞記者、ルポライター。『五色の虹　満州建国大学卒業生たちの戦後』で第13回開高健ノンフィクション賞、『日報隠蔽　南スーダンで自衛隊は何を見たのか』（布施祐仁氏との共著）で第18回石橋湛山記念早稲田ジャーナリズム大賞、『牙　アフリカゾウの「密猟組織」を追って』で第25回小学館ノンフィクション大賞、『南三陸日記』で第25回平和・協同ジャーナリスト基金賞奨励賞、『帰れない村　福島県浪江町「DASH村」の10年』で2021 LINEジャーナリズム賞、『太陽の子　日本がアフリカに置き去りにした秘密』で第22回新潮ドキュメント賞と第10回山本美香記念国際ジャーナリスト賞を受賞。その他、第8回城山三郎賞候補作に『白い土地　ルポ福島「帰還困難区域」とその周辺』、第53回大宅壮一ノンフィクション賞候補作に『災害特派員』がある。現在、岩手県盛岡市在住。

涙《なみだ》にも国籍《こくせき》はあるのでしょうか
津波《つなみ》で亡《な》くなった外国人《がいこくじん》をたどって

発行　二〇二四年二月二〇日

著者　三《み》浦《うら》英《ひで》之《ゆき》

発行者　佐藤隆信
発行所　株式会社新潮社
〒一六二―八七一一 東京都新宿区矢来町七一
電話　編集部　〇三―三二六六―五六一一
　　　読者係　〇三―三二六六―五一一一
https://www.shinchosha.co.jp

装幀　新潮社装幀室

印刷所　株式会社光邦
製本所　大口製本印刷株式会社

ISBN978-4-10-355561-2　C0095